Ansgar Walk • Kenojuak

Ansgar Walk

Kenojuak

Lebensgeschichte einer bedeutenden Inuit-Künstlerin

PENDRAGON

Die deutsche Bibliothek – CIP-Einheitsaufnahme

Walk, Ansgar:

Kenojuak : Lebensgeschichte einer bedeutenden Inuit-Künstlerin/
Ansgar Walk. – Orig.-Ausg. – Bielefeld : Pendragon-Verl., 2003
[Fotografien: Ansgar und Ulrike Walk]
ISBN 3-934872-51-4

Aktualisierte und erweitere Neuauflage
Originalausgabe
Veröffentlicht im Pendragon Verlag
Günther Butkus, Bielefeld 2003
© by Pendragon Verlag 2003
Alle Rechte vorbehalten
Fotografien: Ansgar und Ulrike Walk
Grafiken: Die Wiedergabe erfolgt mit Erlaubnis
von West Baffin Eskimo Co-operative Ltd., Cape Dorset
Gestaltung und Herstellung: Baltus Mediendesign, Bielefeld
Umschlagfotos: Ansgar Walk –
Inuit-Künstlerin Kenojuak Ashevak
Lektorat: Martine Legrand-Stork
ISBN 3-934872-51-4
Printed in Germany

INHALT

LEBEN IN CAMPS

„ETWAS SCHÖNES GESTALTEN"

ANHANG

Kenojuak Ashevak

SIKUSIILAQ:
CAPE DORSET AN OFFENEN WASSERN

Dies ist die Geschichte einer bedeutenden Inuit-Künstlerin. Darin wird berichtet, wie die Menschen an der Südwestküste von Baffin Island ein Leben voller Dramatik und Entbehrungen in „zwei Welten" führten – in der traditionellen Inuit-Kultur und zunehmend in der westlichen Kultur des 20. und 21. Jahrhunderts. Das Buch fußt auf einer Vielzahl von Gesprächen, die der Autor und seine Frau in Cape Dorset während der Jahre 1995 bis 2002 mit Kenojuak Ashevak und gemeinsamen Freunden führen durften und auf ergänzenden Literaturrecherchen in den im Anhang aufgeführten Publikationen.

An der Südwestküste von Baffin Island mit ihren in die Hudson Strait vorgelagerten kleineren Inseln herrschen schon seit Jahrtausenden gute Jagdbedingungen, welche die Menschen anziehen und sie veranlassen, hier zu siedeln. Selbst in kältesten Wintern verhindern die Strömungen in der Hudson Strait stellenweise das Zufrieren des Meeres und führen zur Ausbildung ausgedehnter Polynyas – Regionen offenen Wassers, in denen sich Meeressäuger aufhalten können. Sikusiilaq, „wo das Wasser nicht zufriert", ist denn auch die Bezeichnung, welche die Inuit dieser Gegend geben, und sich selbst nennen sie Sikusiilarmiut, „Leute von Sikusiilaq".

Der erste Europäer, der hierher kam, dürfte Luke Foxe gewesen sein. Er erkundete die Hudson Strait im Jahr 1631 und gab einer der vielen vorspringenden Küsteninseln den Namen Cape Dorset – zu Ehren seines Dienstherrn Edward Sackville Earl of Dorset. Bei den Inuit tragen die Insel und die später hier entstandene Siedlung jedoch den Namen Kinngait nach den sie beherrschenden hohen Bergen. In der zweiten Hälfte des 19. Jahrhunderts kamen dann vermehrt Walfänger, in erster Linie Schotten und Nordamerikaner, an die Südwestküste von Baffin Island.

Als schließlich im Jahr 1913 die Hudson's Bay Company hier einen Außenposten errichtete und sich nunmehr die ersten Qallunaat (Weißen) auf der Insel Cape Dorset niederließen, nahm der Pelzhandel mit den Jägern und Trappern, die in den zahlreichen Camps entlang der Küste lebten, mächtigen Aufschwung. Als nach einem weiteren Jahrzehnt die Suche nach einer untergegangenen Paläo-Eskimo-Kultur, die der Anthropologe Diamond Jenness auf der umliegenden Inselwelt unternahm, mit Erfolg gekrönt wurde (1925), da verlieh Cape Dorset einer ganzen Kultur den Namen „Dorset-Kultur".

Im Jahr 1927 wurde Kenojuak in einem der in näherer Umgebung gelegenen Inuit-Camps geboren. Der Verlauf ihres Lebens spiegelt in vielen Einzelheiten die Umbrüche und Veränderungen wider, die sich seither im arktischen Norden Kanadas vollzogen: Sie verbrachte die erste Hälfte ihres Lebens, sieht man von einem mehrjährigen Aufenthalt in einer Lungenheilstätte in Québec ab, noch auf traditionelle Weise in Camps an den Küsten der Hudson Strait, ehe sie schließlich auf Dauer in die Siedlung am Fuß des Kinngait zog.

Mit den Walfängern waren auch die ersten Missionare ins Land gekommen und hatten den Inuit das Christentum gebracht. Allerdings wurde in der wachsenden Siedlung Cape Dorset erst 1938/39 eine Kirche errichtet – von römisch-katholischen Oblaten-Patres, denen jedoch kaum missionarischer Erfolg beschieden war, weshalb sie die Kirche 1960 aufgaben. Die in der Süd-Baffin-Region überwiegend der anglikanischen Glaubenslehre anhängenden Inuit hatten sich 1953 ihre eigene Kirche in der Siedlung erbaut, die sie nach ihrem bedeutendsten und in dieser Angelegenheit engagiertesten Camp-Leader „Pootoogook's Church" nannten.

Sikusiilaq: Eiskante und Polynya vor Dorset Island mit der
markanten kuppelförmigen Silhouette des Igakjuaq Hill

Eisberg vor Dorset Island

Nach dem Ende des Zweiten Weltkriegs gewann der arktische Norden zunehmend strategisches Interesse. Noch lebte die überwiegende Mehrheit der Inuit während des ganzen Jahres außerhalb der Gemeinden in ihren Camps und kam nur ein- oder zweimal jährlich an die Siedlungsplätze, wo sie in den Hudson's Bay Stores ihre Jagdausbeute, vor allem Fuchspelze, gegen Waren für den täglichen Gebrauch, wie Jagdwaffen, Munition, Zucker, Salz, Tee, Kaffee, Rauchwaren und Stoffe, eintauschten. Zu Anfang der fünfziger Jahre des vergangenen Jahrhunderts aber sollte sich das grundlegend ändern, denn nun nahm sich die kanadische Regierung der hier lebenden Urbevölkerung an – mit wechselnder Geschicklichkeit. Zug um Zug wurden auch auf Baffin Island Versorgungseinrichtungen und eine entsprechende Infrastruktur geschaffen.

In Cape Dorset entstand im Jahr 1950 eine der ersten Schulen der Ostarktis und eine Krankenstation.

Für die Inuit begann trotz solcher aus unserer Sicht fortschrittlichen Einrichtungen ein einschneidender, mehr als ein Jahrzehnt dauernder Prozeß: der weitgehende Wandel von der nomadischen zur seßhaften Lebensweise und das meist aus freien Stücken erfolgende Umziehen aus Camps in Siedlungen, wobei allerdings Epidemien und Hungersnot häufig die eigentliche Triebfeder waren.

Im Jahr 1970 war in Sikusiilaq nur noch ein permanentes Camp übrig geblieben; im Jahr darauf war auch dieses verlassen.

Das Wohnen im Holzhaus mit Wasser-, Strom- und Wärmeversorgung ersetzt nun das Leben im Qarmaq (Erdsodenhütte), Iglu oder aus Häuten und Leinwand gefertigten Zelt. Die Inuit sind zu Verbrauchern geworden, die ihren Lebensunterhalt nur noch teilweise durch Fischen, Jagen und Fallenstellen bestreiten. Im wesentlichen aber sehen sie sich gezwungen, kunsthandwerkliche Erzeugnisse zu produzieren oder Lohnarbeit anzunehmen, also „Dienstleistungen" zu erbringen, um zu Geld zu kommen, von dem sie anders als zuvor nunmehr abhängig sind. Oft müssen sie dazu noch mit Sozialhilfe subventioniert werden, und nicht selten bleibt staatliche Sozialhilfe sogar die einzige Einkommensquelle. Die tägliche Versorgung erfolgt heutzutage über die Anlieferung von Lebensmitteln und Konsumartikeln aus dem Süden anstelle der bisher alleinigen Selbstversorgung durch Jagdbeute. Daran ändert auch die Tatsache nichts, daß das Jagen und Fischen von vielen noch immer in jeder freien Minute mit großer Leidenschaft betrieben wird und der häufige Aufenthalt im Zelt oder in einer Cabin, einer Holzhütte, auf dem offenen Land für die meisten Inuit an die Stelle des unwiederbringlich verlorenen Lebens im Camp getreten ist.

1962 wurde die öffentliche Verwaltung und 1965 eine Abteilung der Royal Canadian Mounted Police (RCMP) etabliert. In den Augen der Inuit waren das ungewohnte und daher „suspekte" Verwaltungszentren, die dazu noch von ortsfremden kanadischen Staatsangestellten nach industriestaatlichen Regeln organisiert wurden. Die Umstellung auf solch fremd bestimmtes Leben fiel den Inuit verständlicherweise nicht leicht. Viele Menschen haben die Veränderungen bis jetzt noch nicht wirklich bewältigt – vor allem die Älteren, die nie die englische Sprache erlernten und sich nur in Inuktitut auszudrücken vermögen. Am leichtesten fiel die Umstellung auf das Leben unter den veränderten Bedingungen natürlich den jungen Menschen. Der jungen Generation eröffneten sich in den letzten Jahrzehnten neue Chancen, doch waren diese mit vielerlei Härten und Schwierigkeiten verbunden. So wich etwa, um nur ein Beispiel anzuführen, das traditionelle „Lernen von den Eltern", das ohne Lesen und Schreiben auskam, einer allgemeinen Schulpflicht – anfänglich dazu noch oft verbunden mit der Trennung der Kinder von den Eltern, da es nicht in allen Siedlungen Schulen gab.

Eine herausragende Rolle spielte die Errichtung von Kooperativen; das sind den Inuit gehörende Genossenschaften. Hier lernten die Menschen, wertschöpfende

Tätigkeiten zu organisieren und sich wieder eigenverantwortlich selbst zu versorgen. In Cape Dorset gelang es Ende der fünfziger Jahre des 20. Jahrhunderts durch die Bildung einer solchen Kooperative in vorbildlicher Weise, Organisation und Vertrieb auf dem Kunstsektor nicht nur wirtschaftlich zu gestalten, sondern auch wirtschaftliches Denken mit überlieferten Aktivitäten und Werten zu verknüpfen.

Namen der Sikusiilaq-Camps

Die Schreibweise von Camp-Namen und Ortsbezeichungen differiert allgemein sehr stark. Aus grundsätzlichen Erwägungen wurden in diesem Buch die syllabisch-phonetischen Ausdrucksweisen der Inuit zugrunde gelegt. Zur Orientierung sind hier unter englisch beeinflußter Schreibweise entstandene Synonyme aufgeführt. Die in [ ] eingefügten Ziffern verweisen auf die Lage der Camps in der nebenan gezeigten Lageskizze (nach Angaben von Timmun Alariaq und Jimmy Manning).

Igalaalik – Egalalik, Igalallik [4]
Ikirasaq – Ikerrasak, Ikirashaq, Ikirassak [8]
Iqalurajuk [7]
Itilliaqjuk – Etidliajuk, Etilliakjuk, Ittiliakjuk, Itiliardjuk [3]
Kallusiqbik – Kalosebek, Kadlooshukbik, Kadlusukbik, Katlusivik [10]
Kangiaq – Kangeak, Kangiyak, Kungia [6]
Kiaqtuuq – Keakto, Keatuk [1]
Qarmaaqjuk – Amadjuaq [Bay], Kamadjuak, Qarmaajuk [11]
Saatturittuq – Sartoweetok, Satoretok, Shartowitok, Shatureetuk [2]
Sapujjuaq – Shapujuak, Shupujuak [5]
Saqbak – Shukbuk [Bay], Sukbuk [Bay] [9]

LAGESKIZZE DER SIKUSIILAQ-CAMPS

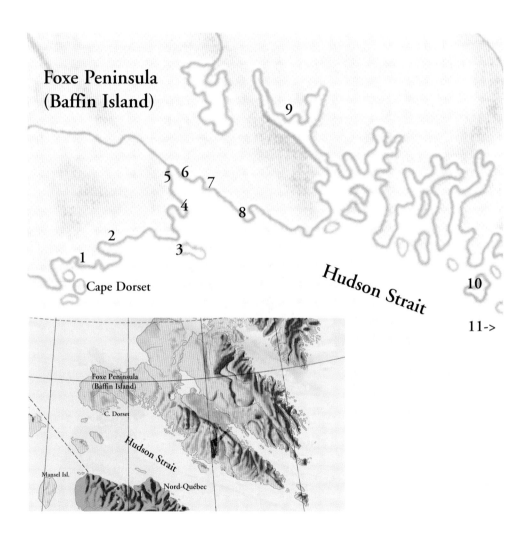

Leben in Camps

Ikirasaq und Pujjunnaq:
Frühe Kindheit und des Vaters gewaltsamer Tod

Kenojuak oder, phonetisch genauer geschrieben, Qinnuajuaq kam 1927 im Camp Ikirasaq zur Welt. Dieses heute völlig verlassene Camp war an der Südküste von Baffin Island gelegen, etwa 80 Kilometer östlich von Cape Dorset an der Südostecke der Andrew Gordon Bay – zur Hudson Strait hin, worauf sich auch sein Name bezieht: „Meeresstraße".

Die Inuit lebten zu jener Zeit noch überwiegend in kleinen Gruppen verschiedener Familien in möglichst küstennahen Camps. Diese Gruppen wurden meist durch verwandtschaftliche Bande zusammengehalten und von einer herausragenden Persönlichkeit geführt, dem Camp-Leader. Gewöhnlich besaß ein solcher Führer hohe Durchsetzungsfähigkeit und verfügte über großes jägerisches Können. Nicht selten zeichnete er sich auch durch Charisma aus.

Kenojuak wurde in den Familienverband eines weithin anerkannten Angakkuq oder Schamanen hineingeboren. Ihr Vater Usuaqjuk war ein Sohn des Angakkuq Alariaq; ihre Mutter hieß Silaqqi. Als offizielles Geburtsdatum wurde der 3. Oktober 1927 registriert, doch erfolgte diese Festlegung verhältnismäßig willkürlich: Man brauchte solche Angaben für amtliche Zwecke, etwa zur Ausstellung eines Reisepasses. Kenojuak jedenfalls erklärt uns, sie sei kurz nach einem großen Winterfest, wahrscheinlich Weihnachten, geboren. Sie schließt daraus, daß sie schon Anfang 1927 das Licht der Welt erblickte – „in einem Iglu", wie sie mit sichtlichem Stolz hinzufügt. Im übrigen macht sie wie alle Inuit nicht viel Aufheben um Geburtstage und hat zum Beispiel wohl kaum darüber nachgedacht, daß sie 1997, als wir die Gespräche über dieses Buch führten, siebzig oder 2002 fünfundsiebzig Jahre alt geworden war.

Heitere Gesprächsatmosphäre im „Beach House",
einem ehemaligen Wohnhaus für Lehrer, das uns
sein heutiger Besitzer, Kenojuaks Neffe Timmun Alariaq,
während der Zeit unserer Interviews zur Verfügung stellte
(v. l.: Jeannie Manning, Kenojuak und der Autor)

„Über die Stunde meiner Geburt ist mir vieles im Gedächtnis geblieben, wovon ich euch erzählen kann. So erinnere ich mich noch gut daran, wie ich versuchte, hinaus ans Licht zu gelangen, denn ich konnte dieses Licht gut sehen. Da war jedoch etwas, das mich hinderte, wenn ich mich vorwärts schieben wollte, und so zog ich mich immer wieder zurück. Schließlich brachte ich es aber doch fertig, ins Freie zu gelangen. Dort war es sehr hell und kalt. Zuerst sah ich zwei große Hügel links und rechts – das waren die Oberschenkel meiner Mutter, dazwischen ein Tal, in das ich gelangte. Ich sah riesige Leute vor mir, und ihre gewaltigen Hände nahmen mich auf. Ich weiß noch genau, daß ich zu schreien anfing, nachdem sie mich hochgehoben hatten. Ich wollte fliehen, konnte es aber nicht. Dann muß ich wohl eingeschlafen sein, denn ich kann mich nur bis dahin erinnern.“

Wir fragen verwundert und sichtlich etwas ungläubig, ob sie sich diese Details nicht doch wohl eher als Folge von Erzählungen anderer eingeprägt habe. Kenojuak erwidert jedoch und wird dabei von unserer Dolmetscherin Jeannie Manning, einer Enkelin des bekannten Camp-Leaders Peter Pitseolak, lebhaft unterstützt: „Nein, nein, das ist nichts Ungewöhnliches, und ihr braucht euch darüber überhaupt nicht zu wundern. Es gibt eine Menge Leute hier in der Siedlung, denen viele Dinge über ihre Geburt genauso wie mir im Gedächtnis haften geblieben sind.“

In der Tat schildert auch Peter Pitseolak selbst in seinen Erinnerungen Einzelheiten über seine Geburt und betont, es erscheine ihm zwar alles wie im Traum, doch gebe er wahre Erlebnisse wieder.[1]

Kenojuaks Vorfahren stammten ursprünglich aus dem nördlichen Teil der Provinz Québec. Ihr Vater Usuaqjuk kam zu Beginn unseres Jahrhunderts in der Nähe der heutigen Siedlung Ivujivik zur Welt, und ihre Mutter Silaqqi wurde um das Jahr 1902 auf Avilik geboren; das sind die Ottawa Islands im Südwesten der Siedlung Puvirnituq (vormals Povungnituk). Vermutlich heirateten sie um oder kurz nach 1920.

Das Ausbleiben jagdbarer Tiere führte in den Jahren nach der Jahrhundertwende zu wachsender Hungersnot und veranlaßte schließlich viele Inuit im besonders schlimmen Jahr 1911, neue Jagdgründe zu suchen. Vor allem auf der anderen Seite der Hudson Strait, auf Baffin Island, so erzählte man sich, gab es noch einige wildreiche Stellen. Da traf es sich gut, daß ein schottisches Walfangschiff, die „Active", auf der Jagd nach Meeressäugern und der Suche nach Mineralien seit der Jahrhundertwende in den arktischen Gewässern unterwegs war und vor allem in der Hudson Strait zwischen Nord-Québec und der Baffin-Südküste kreuzte. Ihr Kapitän Alexander Murray und auch sein Nachfolger Joseph Bernier nahmen Inuit zeitweilig gern als Hilfskräfte an Bord und entlohnten sie für ihre Dienste mit Jagdgewehren und anderen Gütern, nicht zuletzt auch durch den Transport zu entfernter liegenden Camps. Die Männer setzten sie vor allem beim Wal-, Robben- und Walroßfang ein, und die Frauen übernahmen die Aufarbeitung des Fangs, z.B. das Gewinnen der Häute und des Öls.

Viele Inuit aus Nord-Québec ergriffen denn auch die Gelegenheit, auf diese Weise über die Hudson Strait auf das südliche Baffin Island nach Sikusiilaq und in die Lake-Harbour-Region überzuwechseln, um die sich dort abzeichnenden besseren Überlebensbedingungen zu nutzen. Vor allem Kimmirut (wie die ehemals Lake Harbour genannte Siedlung jetzt offiziell heißt) zog die Inuit an. Der Eigner der „Active", die Robert Kinness Company, Dundee (Schottland), hatte hier nämlich wenige Jahre zuvor ein Handelsdepot eingerichtet und betrieb auf dem Boden der heutigen Siedlung eine Glimmer- und Graphit-Mine, bei der die Inuit für Geld arbeiten konnten. In der Folge entstand hier 1909 eine anglikanische Missionsstation unter Reverend Archibald Fleming, dem späteren Bischof, und 1911 errichtete die Hudson's Bay Company ihren ersten Pelzhandelsposten und zugleich das Distrikt-Hauptquartier für Baffin Island.

Andrew Gordon Bay nahe dem Camp Ikirasaq

▲ Ikirasaq, wo Kenojuak und ihr Bruder Adamie geboren wurden
Ikirasaq: Relikte eines Qarmaqs ▶

Ikirasaq: Vor einer alten Cabin

Auch die beiden Großelternpaare Kenojuaks verließen seinerzeit Nord-Québec auf der „Active" und setzten mit den meisten ihrer Familienmitglieder zur Südküste von Baffin Island über.

Allerdings erwiesen sich auch hier die Verhältnisse als keineswegs paradiesisch, wie sich z.B. den Schilderungen von Peter Pitseolak entnehmen läßt.[2] Er und sein Bruder Pootoogook lebten seinerzeit mit ihren Familien im Camp Ulimavik nahe der Markham Bay, etwa 130 Kilometer nordwestlich von Kimmirut. Sie waren zunächst die einzigen Bewohner des Camps und glücklich, ausreichend erlegbare Tiere, vor allem Karibus und Robben, vorzufinden. Es dauerte jedoch nicht lange, dann hatte sich offensichtlich zwischen Cape Dorset und Kimmirut herumgesprochen, daß es in der Gegend um Ulimavik Nahrung gäbe. Jedenfalls kamen immer mehr Menschen hierher, die anderwärts nicht genug zu essen fanden.

Peter Pitseolak führt dazu recht drastisch aus, daß z.B. die Leute von Akudnik – das ist der Landstrich westlich von Kimmirut – eigentlich immer nahe am Verhungern waren, obwohl sie das nie wahrhaben wollten und jegliche Vorratshaltung verpönten. Offenbar fanden sie eben nur an frischem Fleisch Geschmack und hielten daher nichts davon, Karibufleisch und Wandersaiblinge als Wintervorrat zu trocknen. Tatsächlich aber deckten die dortigen Wildvorkommen schon längst vor Wintereinbruch den Nahrungsbedarf nur selten, und die Menschen in jener Gegend waren dementsprechend immer wieder auf Unterstützung durch die Hudson's Bay Company angewiesen.

Ganz anders verhielt es sich mit den Sikusiilarmiut, den Bewohnern der Camps rund um Cape Dorset: Sie hielten sich selbst für listiger und klüger als die in der Nähe von Kimmirut und auf den Inseln lebenden Inuit – und das wohl zu Recht. Sie pflegten nämlich immer einen Teil ihrer Jagdbeute als Fleischvorräte anzulegen und mußten sich dafür den Spott der Leute von Akudnik anhören: „Ach, die Leute von Sikusiilaq, die essen verrottetes Fleisch …"

Es gibt ein Inuktitut-Wort für die Jahreszeit extremen Hungerns: Akunnaaqi, wörtlich „zwischen zwei Zuständen". Gemeint ist die Zeitspanne zwischen Winter und Sommer, in der das Jagen nur selten zum Erfolg führt. Peter Pitseolak berichtet darüber: „In dieser Zeit versinken die Schlitten im zu weichen Schnee und bleiben stecken. Es ist einfach sinnlos, Tiere zu jagen, da sie doch nicht erreichbar sind. Auch das Eis ist dann nicht fest genug: Man kann einbrechen und untergehen. Falls man ein Kajak an offenen Wasserstellen verwendet, besteht die Gefahr, daß sich scharfe Eiskanten in die Wand eingraben und Löcher bohren. Zu dieser Zeit sind auch die Strömungen des Wassers sehr stark, und junge Robben verschwinden blitzschnell. Wir ernten dann Tang und essen ihn in Blubber (Fett) getaucht. Das ist nahrhaft – wir waren nicht geschwächt, aber viel kann man davon nicht verzehren. Es schlägt einem auf den Magen, und man fühlt sich nicht sehr wohl danach."

Und Peter Pitseolak fährt fort: „Wenn es schwer war für die Männer, auf die Jagd zu gehen, warfen sie ein noch nacktes Vogeljunges oder pelzloses Lemmingbaby auf das Treibeis – in der Hoffnung, daß der Nordwind das Eis nach Süden treibe und die Küsten frei mache. Das war ein sehr alter Brauch. Es wirkte – wenigstens ein über das andere Mal. Wenn im Sommer das Wetter zuweilen tagelang sehr schlecht war und das Wasser zu rauh, um Seetiere zu jagen, dann sah man zu, einen möglichst fetten Raben zu fangen, einen mit viel Fett im Magen. Dieses Fett stampften sie mit einem Felsbrocken und warfen es dann in die See – in der Hoffnung, daß das Wasser glatt und ruhig werde. Auch das half manchmal und manchmal auch nicht."

Anders in Sikusiilaq: Weil dort das Wasser offen blieb, gab es weniger Treibeis, und die Jäger konnten ihre Kajaks auch im tiefen Winter einsetzen und Robben oder Walrosse jagen. Die hungernden Menschen in der Gegend von Kimmirut aber beobachteten die Eisschollen: Waren sie von schwarzen (Blut-)Flecken gekennzeichnet, dann deutete das darauf hin, daß jemand ein Walroß erlegt hatte, und sie fuhren nun solange mit ihren Schlitten umher, bis sie die erfolgreichen Jäger gefunden hatten.

Offensichtlich zwang die Hungersnot die Menschen immer wieder zu extremem Verhalten bis hin zu Kannibalismus. Auch Peter Pitseolak kennt derartige Fälle, allerdings nur vom Hörensagen: „In meinem Leben war ich niemals nahe am Verhungern. Ich kenne auch nur zwei Menschen, die den Hungertod starben. Aber es gibt einen Platz hinter den Hügeln der Frobisher Bay, wo Menschen zunächst andere aufgegessen haben und danach doch noch selbst dem Hunger zum Opfer fielen – aber das war vor meiner Geburt. Sie waren von der Markham Bay aufgebrochen, doch gerieten sie mitten in den Frühling hinein. Sie reisten mit Hundegespannen, als aber der Schnee verging, mußten sie zu Fuß weiter ziehen. Erst kürzlich fand man an der Stelle, wo sie starben, ein altes Kajak, das ihnen gehört hatte. Sie verhungerten in der Nähe von Iqaluit. Ich weiß nicht, wie viele sie waren, aber es müssen eine Menge Menschen gewesen sein.

Manchmal töteten Verhungernde andere Menschen, um sie zu essen. Wenn sie nicht mehr anders konnten, wählten sie dafür einen besonderen Anführer aus. Dieser Anführer brauchte nicht unbedingt der Klügste zu sein; er hatte sie nur beim Töten anzuführen. Er mußte ihnen sagen, wen sie umbringen sollten. Es spielte dann auch keine Rolle mehr, wer man war, wenn der Anführer sagte: ‚Diesen da will ich haben.' Das Opfer hatte möglichst fett zu sein, um als guter Verzehr-Kandidat zu gelten. Der Anführer hatte eben den Leuten zu sagen, wen sie seiner Meinung nach am besten für das Aufessen ums Leben bringen sollten.

Die Leute bei Iqaluit töteten als Ersten ihren Camp-Leader und verzehrten ihn. So überlebten sie eine Weile, doch dann nahm das Verhungern seinen Fortgang. Nur zwei Frauen blieben übrig. Sie haben sich nicht gegenseitig getötet, vielleicht weil keine von beiden ein Anführer war. Als niemand mehr zum Verspeisen übrig geblieben war, machten sie sich auf den Weg zum nächsten Camp. Eine der beiden hatte ein kleines Mädchen – das war kein Baby mehr, aber sie trug das Kind im Amautiq, dem Frauen-Parka mit Kapuze, um es warm zu halten. Während sie wanderten, gaben sie ihm etwas Menschenfleisch zu essen, damit es nicht verhungerte. Sie stiegen hinunter an die Frobisher Bay, und dort wurden sie von andern gefunden. Sie bewegten sich nicht mehr, von gehen können ganz zu schweigen. Sie saßen einfach auf den Schößen ihrer Amautit. Als die Leute sie fanden, waren ihre Gesichter so ausgemergelt, daß sie zu grinsen schienen.

Die Inuit sagen: ‚Wenn ein Mensch ein anderes menschliches Wesen verspeist hat, dann bleibt sein Mund für immer dunkel.‘ Ich habe Aggeok, die das überlebende Mädchen gekannt hat, oft gefragt: ‚War ihr Mund wirklich dunkel?‘ Und sie antwortete mir jedesmal: ‚Ich bin sicher, er war dunkel.‘“[3]

Im Jahr 1929, fast zwei Jahrzehnte nach ihrem Überwechseln an die Südküste von Baffin Island, faßten die meisten Mitglieder von Alariaqs Familie den Plan, von ihrem Camp Ikirasaq aufzubrechen und zurückgebliebene Verwandte in Nord-Québec nahe Ivujivik zu besuchen und vielleicht auch für immer in die angestammte Heimat zurückzukehren, falls sich die Jagdbedingungen dort inzwischen wieder allgemein verbessert hätten.

Etwa zur gleichen Zeit verließ Peter Pitseolak mit den Seinen Tujak (Nottingham Island), wo er im Jahr zuvor auf einer Basis der kanadischen Luftwaffe eine ordentlich bezahlte Tätigkeit gefunden hatte, und zog zu seinem älteren Bruder Pootoogook. Der hatte soeben mit seiner Familie das von Alariaq verlassene Camp Ikirasaq übernommen, und die Inuit von Cape Dorset bezeichnen Ikirasaq seitdem als „Pootoogook's Camp“.

Kenojuak war etwas mehr als zwei Jahre alt, als ihr Großvater Alariaq mit seiner Familie die Fahrt über die Hudson Strait antrat, und sie hat sich noch manche Erinnerung an diese Seereise bewahrt. Alariaq besaß ein kleineres hölzernes Peterhead-Boot, die „Nanukudluk“, mit dem sie die Hudson Strait nach Süden überquerten. Kenojuak lag bei der Überfahrt auf dem Boden eines an Bord vertäuten Kanus und beobachtete aufmerksam, was ihre Eltern und die übrigen Mitreisenden taten. An Bord waren auch ihre Schlittenhunde, was sich als nicht ganz einfach erwies. Wenn sie sich lösen mußten, band man sie fest, hielt sie mit dem Hinterteil über die Reling und zog ihre Schwänze in die Höhe, bis sie die Angelegenheit beendet hatten.

Während das Boot sich dem nahe Ivujivik gelegenen Qikiqtarjuaq Inlet, auch Anauvirlik genannt, näherte, fielen Kenojuak vor allem die vielen von den Klippen aufgescheuchten Schwarzlummen mit ihren roten Füßchen auf. Doch zwischendurch schlief sie im Kanu immer wieder ein.

An der Küste des Qikiqtarjuaq Inlet trennte sich die Familie. Alariaq und seine Frau blieben hier mit ihrem kurz zuvor geborenen Sohn Nutaraaluk zurück, während die anderen weiterreisten – nach Pujjunnaq, wie die Inuit Mansel Island nennen. Sie hatten vor, dort eine Zeit lang in einem größeren Camp zu bleiben und auf die Jagd zu gehen.

Auf der Insel spielte ein in Kenojuaks Erinnerung anerkannter Jäger mit gewinnendem Wesen eine herausragende Rolle. Er hieß Qalingu und hatte seinerzeit als Angestellter eines weißen Händlers die Aufgabe, Pelzhandelsgeschäfte mit den Einheimischen abzuwickeln. Seine Schwester Quaraq, mit Kenojuaks Großmutter Quitsaq verwandt, nahm sich bei der Ankunft sofort des kleinen Mädchens an und trug es überall in ihrem Amautiq umher, obwohl es längst laufen konnte. Zwischen den beiden entwickelte sich bald eine ungewöhnlich enge Beziehung. Wie Kenojuak uns jetzt, 1997, mit vor Freude strahlenden Augen erzählt, besuchte sie die hochbetagte Quaraq Ainalik noch vor einiger Zeit in Ivujivik.

Auf Pujjunnaq fühlte sich Kenojuak immer mehr zu ihrem Vater hingezogen. Sie erinnert sich seiner als eines freundlichen und wohlwollenden Mannes, von dem alle sagten, er sei ein ausgezeichneter Jäger. Beeindruckt war sie davon, wie er sich bei der Verteilung der Jagdbeute oft solchen Inuit gegenüber besonders großzügig zeigte, die beim Jagen weniger erfolgreich waren als er. Als ihr ein Jahr jüngerer Bruder Adamie erwachsen war, erkannte sie in ihm in dieser Hinsicht ein verblüffendes Ebenbild des Vaters.

1930, im Sommer nach ihrer Ankunft auf Pujjunnaq, traf die Familiengruppe ein erster schwerer Schicksalsschlag. Während einer extrem dunklen Nacht mit geringer Sicht kam in der Hudson Strait plötzlich ein furchtbarer Sturm auf. Kenojuaks Onkel Inukjuk, der jüngere Bruder ihres Vaters, war mit Frau und Kindern und anderen Inuit mit einem nicht sehr seetüchtigen Holzboot noch draußen und wurde von dem Unwetter überrascht. Vergebens mühten sie sich, den hoch aufgepeitschten Wellen zu entkommen und das Land zu erreichen. Schließlich wurde das Boot auf die vorgelagerten Felsenklippen geschleudert, und alle Insassen ertranken vor den Augen der voll Angst am Ufer Harrenden. Kenojuak empfand das grausige Ertrinken der Kinder ihres Onkels so unmittelbar, als hätte sie es selbst zu ertragen, denn sie hatte diese Kinder sehr gemocht und viel mit ihnen gespielt. Immer noch hat sie ihre weinenden Eltern vor Augen, wenn sie auf diese unvergeßliche Nacht zu sprechen kommt.

Kenojuaks Vater Usuaqjuk war bei den Inuit auf Pujjunnaq (Mansel Island) offenbar gefürchtet und trotz seiner großzügigen Wesensart nur wenig beliebt. Das mag darauf zurückzuführen sein, daß Usuaqjuks Vater (also Kenojuaks Großvater) Alariaq in den Jahren vor seiner Abreise aus Nord-Québec ein bedeutender Angakkuq (Schamane) war, der über viel mehr Wissen als die gewöhnlichen Sterblichen verfügte, und daß man deshalb auch seinem Sohn außergewöhnliche Kräfte zutraute, die man als unheimlich empfand.

Daran änderte wohl auch die Tatsache nichts, daß Alariaq schon viele Jahre zuvor unter dem Einfluß des anglikanischen Missionars Peck aufgehört hatte, sich als Schamane zu betätigen: Für die Inuit blieb er ein echter Angakkuq. Alariaq konnte zum Beispiel bestimmte Ereignisse voraussagen, ja, er wurde oft selbst Teil eines übernatürlichen Geschehens. Nach allem, was wir über ihn erfuhren, hat er allerdings niemals seine Kenntnisse zum Schaden anderer eingesetzt; er wußte vielmehr anderen Menschen bei mancher Unbill und gar Not zu helfen.

So vollzog er an sich (spirituell natürlich) die Verwandlung in den Geist eines Walrosses und unternahm unter anderem gefahrvolle Reisen zur Gottheit der Meeressäuger in die Tiefen des weiten Meeres, um seine Freunde auf diese Weise bei der Nahrungsbeschaffung zu unterstützen. Von Alariaq erzählt man sich überdies, daß er über Kräfte verfügte, sich unsichtbar zu machen, von Tieren verspeist zu werden und sogar tödliche Harpunenwunden zu heilen.

Alariaq hat Peter Pitseolak einmal selbst eine Geschichte über seine Kräfte als Angakkuq erzählt: Eines Tages waren Alariaq, Peter Pitseolaks Vetter Mapaluk und noch ein dritter Mann auf der Karibujagd. Auf einmal sahen sie ein Karibu, ein ganz außergewöhnlich großes Tier. Rasch hatten sie ihre Gewehre bei der Hand, und jeder wollte als erster auf das Tier schießen. Doch da sagte Alariaq und lächelte dabei, er wolle seine Kräfte erproben und das Karibu nur mit seinem Geiste erlegen. Natürlich wußte Alariaq, daß Schamanen befähigt sind, andere Menschen mit ihren geistigen Kräften zu töten. Manche Schamanen waren daher für ihre Mitmenschen wahrhaftig sehr gefährlich. Doch Alariaq war ein guter, den Menschen zugewandter Schamane, und er wollte deshalb den Versuch, mit dem Geist zu töten, an einem Tier (statt an einem Menschen) ausführen.

Die drei Männer saßen und warteten. Das Karibu kam näher und näher. Schließlich wurde es von einem Hügel verdeckt. Kaum war das Karibu dahinter verschwunden, wandte sich Alariaq der entgegengesetzten Seite des Hügels zu, um dem Tier den Weg abzuschneiden. Einige Minuten lang war er ganz Konzentration und sprach kein einziges Wort. Dann aber wandte er sich an seine beiden Begleiter und sagte: „Das Karibu ist tot. Ihr könnt ruhig zu ihm hingehen." Da sahen die beiden Männer das Tier am Boden liegen – und es war wahrhaftig tot.

Mapaluk war höchst erstaunt, und natürlich erzählte er dieses Erlebnis später allen Leuten.

Alariaq erklärte seinen Begleitern, sie könnten das Fell nehmen und unter sich aufteilen. Er selbst wolle keinen Anteil daran haben, er würde sonst vielleicht sterben müssen. Sie nahmen das Fell; doch die Innereien, das Gedärm, die Lungen, alles hatte sich in Blut verwandelt. Darum verzichteten sie darauf und auch auf das Fleisch.[4]

Alariaq erzählte Peter Pitseolak außerdem, er habe zwei „Spirits" gehabt, die für ihn gearbeitet hätten – einen Hund und einen Geist namens Mikeakjuk, was „Pelz im Mund" bedeutet. Mikeakjuk war ein menschliches Wesen. Er hatte keine Zähne, aber überall Pelz, auch im Mund. Auf Peter Pitseolaks Frage, weshalb er auch Pelz innerhalb des Mundes hatte, sagte ihm Alariaq kurz und bündig: „Das war so, weil er eben Mikeakjuk (Pelz im Mund) war."

Auch von seinen Reisen auf den Grund des Meeres hat Alariaq berichtet. Peter Pitseolak notiert darüber mit den für Inuit üblichen häufigen Wiederholungen (auf die hier verzichtet sei): „Wann immer die Leute im Camp hungrig waren, hatte er unter Wasser zu tauchen, um die ‚wunderschöne Frau' auf dem Grund des Meeres zu erreichen und Nahrung zu finden. Wenn der Schamane diese Reise unternahm, mußte er für seinen ‚Spirit' Lieder singen.

Der Weg auf den Meeresgrund war sehr gefährlich, denn er führte über glattes und sehr schlüpfriges Eis. Der Zweck der Reise lag darin, Jagdwild nahe an den Ort zu bringen, wo die Jäger warteten. Am Reiseweg hielten sich viele Tiere auf. Rund um die schöne Frau lagen die Tiere dicht wie Fliegen. Sie sahen aus wie Insektenschwärme. Diese Frau besaß sehr viele Tiere – die üblichen Tiere, die meisten eßbar, Seetiere und natürlich auch Karibus; alle Arten von Tieren. Sie war eben die Göttin der Tiere.

Nachdem Alariaq seine Reise beendet hatte, pflegten die Männer auf die

Jagd zu gehen, und sie hatten Erfolg. Alariaq selbst erhielt von der schönen Frau keine Nahrung."

Peter Pitseolak ist sich nicht sicher, ob die „schöne Frau" mit der im ganzen Norden als Sedna bekannten Meeresgöttin identisch ist, doch er vermutet es. Sein Bruder Pootoogook hat Sedna möglicherweise einmal aus einiger Entfernung gesehen – erst dachte er, er sähe eine Robbe, doch als das Wesen die Arme schwenkte, wußte er, es war keine Robbe. Vielleicht war es auch eine von Sednas Gespielinnen, eine Taliilajuuq.

Auf unsere Frage, was sie selbst noch über ihren Großvater Alariaq wisse, erzählt uns Kenojuak, belustigt auflachend: „Er war entschieden zu schwer. Er war ein fetter Mann – und ein guter Mann". Zuweilen habe er vorgegeben, er schließe seine Augen, um konzentriert nachzudenken oder zu meditieren. Sie habe ihn jedoch genau beobachtet: „Ich bin ganz sicher, er hat nur geschlafen." Unzweifelhaft war er eine bedeutende Persönlichkeit mit ungewöhnlicher Ausstrahlung.

Jeannie, unsere Dolmetscherin, fügt dem Dargelegten die kleine Erzählung hinzu, ihr Großvater Peter Pitseolak sei einmal sehr krank gewesen und dem Tode nahe, weil ein „böser" Schamane ihm übel wollte. Dann habe sich diesem jedoch der „gute" Schamane Alariaq entgegengestellt, ihn abgewehrt und ihren Großvater geheilt.

Hinzuzufügen bleibt an dieser Stelle jedoch, daß Peter Pitseolak in seinen Erinnerungen darauf hinweist, sein eigener Großvater Itidluie habe immer davor gewarnt, an Schamanen oder an Geister zu glauben. Und bezüglich seiner selbst berichtet er: „Um die Jahrhundertwende gab es noch viele Schamanen, und natürlich hatten diese ihre Helfer: alle Arten von Tieren, Würmern, Insekten und Geister von Verstorbenen. Als ich geboren wurde, gaben sich die Schamanen schon nicht mehr öffentlich zu erkennen – Okhamuk (wörtlich: „der so gut redet"; gemeint ist Reverend Edmund J. Peck) hatte sie zur Reue aufgerufen –, aber sie schlichen noch hinter Pecks Rücken herum. Die Großmutter[5] meiner Frau Aggeok flog durch die Lüfte, und Parrs Mutter[6] setzte sich zum Fliegen auf eine Harpune." Und er fährt schließlich fort: „Ich habe so manchen Schamanen gekannt und weiß eine Menge Geschichten über sie. Ich kann Schamanen nachahmen. Sogar Fotografien machte ich von Schamanen. Aber ich mag Schamanen nicht. Sogar die guten Schamanen gehörten dem Teufel. [Als Kind] habe ich oft gehört, wozu sie fähig seien, doch (…) später habe ich nie echte Taten von Schamanen gesehen."[7]

Kenojuak kam mit dem traditionellen Schamanismus der Inuit nach eigenem Bekunden nicht mehr in unmittelbare Berührung. Auch die Ältesten in der Siedlung, wie etwa der 1993 verstorbene Simionie Quppapik, verfügen ihres Wissens kaum mehr über persönliche Erfahrungen mit dem Schamanismus. In den Tagen ihrer Kindheit hatte das Christentum offensichtlich schon weithin festen Fuß gefaßt. Auch Alariaq betätigte sich ja nicht mehr als Angakkuq. Hin und wieder beteiligte er sich sogar aktiv an christlichen Gottesdiensten. Er betete regelmäßig und lehrte auch Kenojuak, zu beten und an Jesus Christus zu glauben. Vor allem aber brachte er ihr nahe, so berichtet sie uns, „andere Menschen zu lieben und nicht zu hassen".

Der Winter 1930/31 war in jeder Hinsicht tief bedrückend. Im Camp auf Pujjunnaq wurde viel über den Tauschwert von Fellen diskutiert, der immer mehr verfiel. Der Boden für Spannungen im täglichen Zusammenleben war bereitet.

Kenojuak ist nicht sicher, ob ihr Vater gelegentlich Drohungen gegenüber anderen Jägern ausgestoßen hatte. Möglich scheint es, denn er war, wie sie sich erinnert, ein heftiger und nicht selten sehr impulsiver, vielleicht sogar jähzorniger Mann. Wie es den Anschein hat, fanden jedenfalls einige der Männer im Camp, Usuaqjuks Anwesenheit schüre Unfrieden. Und so nahm ein Drama seinen Lauf.

Über Kenojuaks Mutter Silaqqi müssen jedenfalls furchtbare Tage hereingebrochen sein. Kenojuak erzählt uns darüber aus der Erinnerung eines Kindes, das die tieferen Zusammenhänge noch nicht durchschauen konnte, und wohl auch aus Erzählungen, die sie später darüber hörte: „Meine Mutter wurde von tiefer Angst bedrückt; zeitweilig schien es ihr, Usuaqjuk handle wie von Sinnen."

In Cape Dorset wurden uns allerdings Details berichtet, welche die heraufziehende Katastrophe und Usuaqjuks Schicksal in ganz anderem Lichte erscheinen lassen: Vor Jahren soll Alariaq als Camp-Leader nach traditionellem Inuit-Recht einen Mann zum Tode verurteilt haben, der seine Familie schwer mißhandelt hatte und daher im Camp nicht mehr tragbar war. Für die Vollstreckung dieses Urteils hatte er seinen Sohn Usuaqjuk ausersehen, dem nun die Tötung eines Menschen anhing.

Uns mögen solche Geschehnisse unbegreiflich sein, zumindest aber inhuman erscheinen. Bei der Beurteilung gilt es jedoch zu bedenken, daß das Rechtsempfinden der Inuit seinerzeit ganz auf den Erhalt von Harmonie und Stabilität ausgerichtet sein mußte. Denn nur so war das Überleben der Gruppe zu sichern. Wer zu streitsüchtig wurde, die Selbstbeherrschung verlor, das Familienleben nachhaltig störte oder sich am Eigentum anderer Mitglieder der Gruppe vergriff, der wurde zu einer Bedrohung für die gesamte Gemeinschaft. In solchem Falle sah sich der Führer des Camps gezwungen, die Ordnung wiederherzustellen. Zuweilen nahmen sich auch Bewohner des Camps aus eigenem Antrieb oder von der Gruppe bestimmt der „Lösung des Problems" an. Leider blieb es dann jedoch meist nicht beim Hinrichten eines Einzelnen, und häufig folgten weitere Tötungen aus Familienrache.

Jedenfalls war die Vorgeschichte Usuaqjuks auch auf Pujjunnaq bekannt geworden, und sie verlieh ihm den Rang des Außergewöhnlichen. Da er zudem über eine vom Vater ererbte charismatische Ausstrahlung verfügte und anerkanntermaßen ein ausgezeichneter Jäger war, fühlten sich ihm nicht wenige Männer im Camp in vieler Hinsicht unterlegen. So machte sich wohl zunehmend Neid gegenüber dem aus der Baffin-Region herüber gekommenen „Fremden" breit.

Was auch immer zu der Tragödie geführt haben mag: Ein grauenvoller Wintertag hat sich tief und unauslöschlich in Kenojuaks Gedächtnis eingeprägt. Am Morgen bereitete sich Usuaqjuk zum Aufbruch auf die Jagd vor und geriet dabei unversehens in eine lautstarke Auseinandersetzung mit einem anderen Mann. Danach kam er in sein Iglu zurück und warf sich auf die Schlafstatt, auf der die Kinder sich noch in wärmende Felle schmiegten. Er muß zu dieser Stunde schon geahnt haben, was ihm drohte, und vermutlich begann er sich bereits in sein unabwendbares Schicksal zu fügen. Denn er benahm sich ganz anders als sonst: Er schlug wild mit den Fäusten um sich und warf sich von einer Seite zur anderen. Ab und an weinte er heftig, dann redete er wieder freundlich und scheinbar ruhig mit seinen Kindern. Silaqqi und der mit ihnen befreundete Qalingu versuchten, ihn zu besänftigen – vergebens.

Abrupt verließ er das Iglu. Mehrere Schüsse fielen. Silaqqi stürzte hinaus, die Kinder folgten. Die kleine Kenojuak sah den geliebten Vater in einer Blutlache liegen, die langsam in den Schnee sickerte; er rührte sich nicht mehr. Da wurde ihr bewußt, daß ihres Vaters Leben zu Ende war.

Drei Männer hatten draußen darauf gewartet, Usuaqjuk zu ermorden. Nach der Tat begannen sie, an seinen Hals, seine Handgelenke und seine Fußknöchel Felsbrocken zu binden. Schließlich stürzten sie den so beschwerten Körper ins Meer. Alles, was er besaß, warfen sie hinterher. Sie erschossen sogar ein paar seiner Hunde; die übrigen entkamen und wagten sich nie mehr in die Nähe des Camps.

Kenojuak äußert sich uns gegenüber: „Offensichtlich hat sich mein Vater nicht an die Verhaltensregeln unseres Camps gehalten. So wurde sein Tod beschlossen." Sollte allerdings, wie uns andere Inuit darlegten, purer Neid die

Triebfeder für den Mord gewesen sein, dann dürfte sich Kenojuaks Mutter in einer entsetzlichen Zwangslage befunden haben: Um ihre Familie vor weiterem Unheil zu bewahren, durfte sie nicht zu ihrem getöteten Mann halten, sondern mußte ihren Kindern die wahren Hintergründe verschweigen.

Sapujjuaq und Igalaalik: Jungmädchenjahre

Silaqqi und ihre Kinder hatten nun ungemein harte Winterwochen zu bewältigen. Auf Schritt und Tritt bekamen sie zu spüren, daß ihnen viele Mitbewohner des Camps mit einer abweisenden, ja geradezu feindseligen Haltung begegneten. Seit dem Verlust ihres Ernährers bedrohte sie überdies der Hunger, dem sie sich konstant und in quälender Weise ausgesetzt sahen. Wenigstens gaben ihnen Qalingu und der eine oder andere Camp-Bewohner von ihren Nahrungsvorräten ab, wann immer sie selbst dazu in der Lage waren.

Hinzu kam noch, daß Silaqqi beim Tod ihres Mannes schwanger war. Doch wuchs sie unter der Last der zunehmend drückenden Sorgen über sich hinaus, und selbst das ständige Gefühl von Scham und Schande nach der Ermordung ihres Mannes ließ sie keineswegs verzagen. Noch vor dem Einzug des Frühlings gebar sie ihr viertes Kind, einen Jungen, dem sie den Namen Attatsie gab.

Allmählich wurden die Tage länger, Wärme breitete sich über das Land, und das Eis wich von den Küsten. Auf diese Zeit hatte Silaqqi sehnlichst gewartet, denn sie wollte Pujjunnaq mit ihren Kindern verlassen, sobald es die Witterungsverhältnisse zuließen. Nie mehr wollte sie an diesen Ort des Grauens und der Schande zurückkehren. Qalingu half ihr beim Aufbruch und brachte sie mit seinem Boot weg. Die Überfahrt nach Ivujivik war nur kurz, und bald traf die kleine Reisegruppe am etwa dreißig Kilometer weiter nordöstlich gelegenen (inzwischen aufgegebenen) Handelsposten Kagisualaak (Cape Wolstenholme) der Hudson's Bay Company ein.

Mit Ungeduld harrte Silaqqi der Ankunft des Versorgungsschiffs. Es kam üblicherweise nur einmal im Sommer, meist im August, vorbei und nahm auch Passagiere mit. Auf diesem Schiff wollte sie mit ihren Kindern nun nach Cape

Dorset reisen – an die Südküste von Baffin Island auf der anderen Seite der Hudson Strait, von wo sie vor zwei Jahren erwartungsvoll aufgebrochen war und wohin sie nun tief enttäuscht und verzweifelt zurückkehrte.

Endlich ging das Schiff beim Handelsposten vor Anker; es war die der Hudson's Bay Company gehörende „Nascopie". Die Schiffsoffiziere stellten noch ein paar Nachforschungen über Usuaqjuks Mörder an, doch die waren auf Pujjunnaq verschwunden. Die Suche verlief denn auch ohne Erfolg, und gegen die drei am Mord beteiligten Männer wurde niemals Anklage erhoben. Die „Nascopie" aber nahm Kurs auf Cape Dorset.

Als dann schließlich Dorset Island mit der markanten kuppelförmigen Silhouette des Igakjuaq Hill am Horizont auftauchte, fühlten die Ankömmlinge erleichtert, daß Pujjunnaq und die damit verbundenen Schrecken nun ein für alle Mal hinter ihnen lagen. Voller Hoffnung und doch auch mit Bangen sahen sie der Begrüßung durch ihre Verwandten und Freunde entgegen.

Bald darauf gingen die Anker an der Landestelle von Cape Dorset nieder. Als sie im Boot an Land gerudert wurde, so erinnert sich Kenojuak noch jetzt, da hatte sie zuerst das Gefühl, ein weiteres Mal bei einer Gruppe völlig fremder Menschen angelangt zu sein. Aber dann schloß ihre Tante Tayaraq, die ältere und seinerzeit nicht mit nach Nord-Québec gegangene Schwester ihres Vaters, sie in die Arme. Kenojuak rannen Tränen über die Wangen, und Tayaraq und Silaqqi weinten gemeinsam mit ihr. Ganz ungewohnt (so betont Kenojuak) war für das kleine Mädchen, daß es von niemandem schlecht behandelt wurde, obwohl es so jung und zu jener Zeit ohne den Schutz eines Vater war – welche Erfahrungen muß sie zuvor gewonnen haben!

Silaqqi fand sich angesichts der Belastung, noch ein weiteres Kind aufzuziehen und zu ernähren, gleich nach der Ankunft bereit, ihren neugeborenen Jungen Attatsie zur Adoption freizugeben. Adoptionen sind bei den Inuit – vor allem innerhalb des Familienverbands – bis heute allgemein üblich, etwa wenn eine Familie oder auch eine ledige Mutter ein Kind nicht richtig versorgen kann. Peter Pitseolak hat für das Adoptieren Gründe genannt, die inzwischen jedoch nur noch eingeschränkt gelten: „Die Leute adoptieren Babys, weil sie insgeheim denken: ‚Wenn ich einmal alt bin, dann habe ich niemanden um mich, der mir hilft, niemanden, der für mich jagt und mir Nahrung bringt, niemanden, der für mich Kleider näht.‘ Doch Adoptivkinder sind keine Diener; manchmal werden sie sogar mehr geliebt als ein eigenes Kind."[8]

Silaqqis Brüder Tikituk und Niviaqsi waren gemeinsam mit einem Freund, Itidluie, von ihrem Camp Sapujjuaq zu Fuß nach Cape Dorset zur Schiffslände gekommen, um die Reisenden abzuholen. Deren Ankunft fiel gerade in die Zeit, in der die kanadische Regierung die Inuit amtlich zählen ließ, und so wurden auch sie mit erfaßt. Nach wenigen Tagen brach die ganze Gruppe dann zum Camp auf, quer über die Tundra. Itidluie nahm die vierjährige Kenojuak auf den Rücken. Sie erinnert sich, daß sie es sich auf seinem Rucksack bequem machte und während der Wanderung immer wieder in Schlaf fiel; doch beim Rasten spielte sie mit den anderen.

Im sanften Licht eines frühen Sommermorgens erreichten die Wanderer ein aus mehreren Zelten bestehendes Camp in der Nähe eines Flusses; es war Sapujjuaq. Silaqqis Mutter Quitsaq hieß sie willkommen, dann wurden den Neuankömmlingen ihre Zelte zugewiesen. Silaqqi teilte mit ihrem Onkel Tagatuk das Zelt. Kenojuak und ihr Bruder Adamie aber durften bei ihrer Großmutter wohnen.

Kenojuak hatte zunächst erwartet, wieder in einem Camp mit völlig Fremden zusammenleben zu müssen; sie kannte es ja nicht anders. Doch zeigte sich nun, daß sie hier bei wahren Verwandten eine Heimstatt gefunden hatte: Sapujjuaq wurde ihr für viele Jahre zu einem echten Zuhause, wo sie wohlbehütet heranwuchs.

Das Camp Sapujjuaq – „wie ein Fischwehr" – war für seine ausgezeichneten Fischgründe bekannt und zog deshalb viele Familien an. Schon deren Vorfahren hatten hier aus Felsblöcken Wehre für den Fischfang errichtet, und auf diese Weise war ein künstlicher See entstanden. Während der von den Jahreszeiten bestimmten Fischwanderung wateten die Inuit emsig in das eisige Wasser und spießten mit dreizinkigen Fischspeeren die mächtigen, oft armlangen Wandersaiblinge (Arctic Char) auf.

Auch die Vorratshaltung von Fischen war in Sapujjuaq gut organisiert. Die für den eigenen Verzehr gefangenen Fische wurden von den Frauen des Camps in möglichst großer Zahl als Vorrat für den Winter präpariert – ausgenommen, aufgespalten, würfelförmig angeschnitten und luftgetrocknet. Als Futter für die Schlittenhunde wurden die Fische nicht ausgenommen, sondern unzerteilt in Steinkammern, sogenannten Caches, aufbewahrt.

Während der kalten Jahreszeiten diente üblicherweise ein Qarmaq (Erdsodenhütte) als Unterkunft. Kenojuak wohnte zwar im Winter oft auch in einem Iglu (Schneehaus), vor allem während des Reisens, doch gab sie, wenn immer es möglich war, dem Qarmaq den Vorzug. Um ein solches zu errichten, wurde zunächst im Boden eine Vertiefung angelegt und ein überdachender Holzrahmen konstruiert, groß genug für die einräumige Wohnstatt einer Familie. Kurz vor dem Bezug zur Zeit des ersten Schneefalls wurden dann Felle und Segeltuch über den Holzrahmen gespannt. Zuvor hatten die Frauen und Kinder trockenes Moos in der Tundra gesammelt und brachten dieses nun auf. Danach wurde eine zweite Zeltbahn über die Moosauflage gedeckt und am Rahmen befestigt. Winterschnee, von den Männern mit ihren langen Schneemessern in Blöcke geschnitten, gab nach außen hin noch zusätzlichen Schutz. Natürlich wurde die äußere Umhüllung von der Witterung angegriffen und gelegentlich auch von Wölfen oder Füchsen angenagt. Da Segeltuch verhältnismäßig teuer und nicht immer leicht verfügbar war, mußten die Frauen es immer wieder flicken, nicht selten mit klammen Fingern bei eisiger Kälte und beißendem Wind. Im Innern des Qarmaqs herrschte heimelige Wärme und Gemütlichkeit, einzig gespendet von der Flamme des Qulliq, einer mit Moosdocht und Robbenöl betriebenen steinernen Lampenschale. Ein leicht erhöhter und mit Karibufellen ausgepolsterter Schlafplatz nahm den hinteren Teil des Qarmaq ein, und man schlief mit dem Kopf dem Qulliq zugewandt.

In den warmen Tagen des Sommers verließ man das Qarmaq, das nun feucht wurde und modrig roch. Jetzt wohnte man lieber im luftigen, leicht zu transportierenden Leinwandzelt. Solche Zelte wurden damals noch von den Inuit-Frauen selbst genäht. Mit ihnen zog man dann von Camp zu Camp, immer auf der Suche nach jagdbaren Tieren. Anfang August, wenn der Herbst sich ankündigte, wurde das Qarmaq erneut für die kalte Zeit des Jahres hergerichtet. Meist wurde der Rahmen wieder so unversehrt vorgefunden, wie er beim Verlassen zurückgeblieben war; er mußte nur wieder neu mit Leinwand bezogen werden.

Quitsaq, Kenojuaks Großmutter, fehlte es trotz ihres hohen Alters und geringer Sehkraft an nichts. Ihre Söhne und die übrigen Verwandten versorgten sie, wie es bei den Inuit traditionell Sitte war. In ihrer ruhigen und von Altersweisheit gezeichneten Art unterrichtete sie ihre Enkelin in Fertigkeiten, die dieser in Zukunft überaus hilfreich sein sollten.

Wie Kenojuak uns in diesem Zusammenhang erzählt, war es für junge Mädchen in den Camps allgemein üblich, Handarbeiten anzufertigen und dabei auch immer wieder neue Designs zu entwerfen. Sie habe jedenfalls unter Anleitung ihrer Großmutter im Alter von zehn, zwölf Jahren mit solchen Arbeiten begonnen. Das junge Mädchen lernte zum Beispiel das Nähen wasserdichter Säume mit Karibusehnen, keine leichte Aufgabe für die kleinen unerfahrenen Hände. Auch durfte sie kleine Reparaturen an Fellen vornehmen, die für den Handel mit der Hudson's Bay Company vorbereitet wurden.

Als sie genügend Erfahrung gewonnen hatte und man ihrer Arbeit vertraute, erlaubte man ihr erstmals auch, Fellreste zusammenzunähen. Eine Fertigkeit allerdings lernte sie erst richtig beherrschen, als sie verheiratet war: mit dem Ulu, dem gestielten, halbrunden Frauenmesser, Robbenfett von der Haut abzuschaben. Das hing damit zusammen, daß sie Linkshänderin war. Linkshändig zu sein war in jenen Tagen unter Inuit offenbar peinlich. Uns jedenfalls erzählt Kenojuak, daß sie diese Eigenschaft in jungen Jahren als sehr unangenehm empfand. Wenn sie zum Beispiel mit anderen Leuten zusammen aß, wollte sie kein Ulu verwenden, um ein Stück Fleisch abzuschneiden; dazu gebrauchte sie ja ihre linke Hand. Die Linkshändigkeit war vermutlich ein Erbe ihres Großvaters Alariaq. Der hatte wegen dieser Eigenschaft offenbar vieles durchgemacht und versuchte daher mit allerhand Tricks, seine Enkelin vom Gebrauch der linken Hand abzubringen. Zeitweilig band er ihr den Ärmel fest, doch bekam sie den linken Arm mühelos wieder frei. „Vielleicht ist mein hohes Alter daran schuld, daß es mir heutzutage nicht mehr peinlich ist, Linkshänderin zu sein. Hart ist es aber lange Zeit für mich gewesen", meint sie uns gegenüber.

Die Jahre ihrer Kindheit und Jugend im Camp Sapujjuaq verliefen recht unbeschwert, und Kenojuak erinnert sich gern der vielen kleinen Abenteuer, die sie dort erlebte. Mit Vergnügen und leuchtenden Augen spricht sie zum Beispiel über ihre eifrigen Versuche, kleine Vögel und Tiere zu verfolgen und zu erhaschen. Sie war von deren Schönheit doch so angetan und wollte sie von nahem betrachten.

An Kinderspielsachen herrschte kein Mangel. Ihr Onkel Niviaqsi war in jenen Tagen noch unverheiratet und kümmerte sich gern um das junge Mädchen. Er nahm am Ufer angetriebene Holzstücke und schnitzte ihr daraus kleines Spielzeug wie Miniaturfiguren und Boote, oder er bastelte ihr Spielzeug-Qamutiiks (Schlitten). All das bereitete ihr viele frohe Stunden, an die Kenojuak heute noch mit Freude und wohl auch Wehmut zurückdenkt.

Die Erfahrung harter arktischer Lebensbedingungen vermittelt den Inuit ein anderes, ein unmittelbareres Verhältnis zum Tod, als wir Qallunaat (Nicht-Inuit) es gewöhnlich besitzen. Es ist keineswegs Gleichmut, mit dem sie den Tod hinnehmen, doch sie erfahren ihn als ein Geschick, dem sie tagtäglich begegnen, und mit dem sie umzugehen lernen. Auch Kenojuak wurde immer wieder mit dem Sterben konfrontiert, und der Verlust geliebter Menschen wurde von ihr zwar schmerzlich und oft als tief einschneidend empfunden; er wurde ihr zugleich jedoch von Mal zu Mal vertrauter.

Als ihre Tante Tayaraq unerwartet verstarb, beobachtete die inzwischen achtjährige Kenojuak sehr genau, was mit der Toten geschah, und war tief beeindruckt. Sorgsam wuschen die Frauen des Camps den Körper der Toten und flochten ihr langes dunkles Haar zu einem schon über der Stirn beginnenden Zopf. Dann hüllten sie den Leichnam in eine große Wolldecke und legten ihn weit draußen in der Tundra mit dem Gesicht zum Himmel nieder. Anschließend schichteten sie sorgfältig einen Steinhügel über der Toten auf. Es wurde ein einsames Grab, und menschliche Besucher kommen kaum mehr dorthin.

In ihren Kindertagen wanderte Kenojuak oft über alte Grabfelder, wo die Gebeine lange Verstorbener über Felsbrocken und Tundra verstreut lagen, Zeugnisse räuberischer Tiere. Die Kinder fürchteten die Geister der längst Dahingegangenen und begannen oft, vor sich hin zu pfeifen, um die übernatürlichen Wesen von ihren Händen „wegzublasen".

Jahre später stieß Kenojuak in der Gegend von Kangiaq, wo sich noch die Relikte eines alten Camps ihrer Vorfahren fanden, zufällig auf das Grab eines unbekannten Jägers aus lange vergangener Zeit. Eine Inuit-Schneebrille und ein uraltes Steinmesser waren sorgsam neben den Totenschädel gelegt. Auch diese Begegnung mit der Einsamkeit des Todes und der Vergänglichkeit hat sie nachhaltig beeindruckt.

Zum Fahren und Jagen auf dem Wasser benutzten die Männer damals meist die leichten Kajaks. Auf kurzen Strecken nahmen sie gelegentlich auch Frauen und Kinder im Kajak mit. Die Frauen hielten dann mit ausgestreckten Beinen die Balance am Bug, während die kleinen Kinder im Kajakinnern verschwanden. Sonst aber wurden Frauen und Kinder im größeren Umiaq, dem Frauenboot, transportiert.

Im Zusammenhang mit dem Jagen im Meer fällt Kenojuak noch ein besonderes Vorkommnis ein: Eines Tages war ihr Stiefvater Tapaungai dabei, den hölzernen Rahmen für sein Kajak zu zimmern, als ein Wal gesichtet wurde. Die anderen Männer verfolgten ihn mit ihren Kajaks und drängten ihn immer näher zum Land. Auch Tapaungai griff zum Gewehr, und als der Wal nahe genug herangekommen war, feuerte er vom Ufer aus auf ihn und verwundete ihn tödlich. Darauf aus, den Wal zu harpunieren, bevor er in der Tiefe versank, schwang sich Tapaungai auf den noch nicht mit Tierhaut bezogenen Kajakrahmen und paddelte mutig hinaus. Er bohrte seine Harpune tief in das Tier und brachte den üblichen Robbenhaut-Ballon als Schwimmer an, damit der Wal nicht verloren ging.

Heutzutage ist Walfleisch für die Inuit ein seltener Leckerbissen geworden, und als besondere Delikatesse gilt noch immer Maktaaq, die Haut des Wals mit dem unmittelbar darunter liegenden Speck, dem „blubber"; sie enthält Ascorbinsäure (Vitamin C) in höherer Konzentration als Zitrusfrüchte. Zu einem traditionellen Maktaaqmahl, einem „Maktaaq Feast", eingeladen zu werden, bedeutet eine hohe Ehre.

Seinerzeit bezogen die Inuit bereits viele Nahrungsmittel von den Handelsposten der Hudson's Bay Company; wie wir von Kenojuak erfahren, gab es an Süßigkeiten allerdings nur Bonbons und Kaugummi. Die Company räumte den Jägern und Fallenstellern damals noch recht großzügig Kredite ein und gab „Food Stamps" aus, eine Art Gutscheine. Die Verrechnung erfolgte mit den angelieferten Fuchsfellen, wobei je nach Art und Variante Unterschiede gemacht wurden: Als Kenojuak noch ein junges Mädchen war, fanden alle Varianten ihre Abnehmer, doch brachten die seltenen Felle des Blaufuchses verständlicherweise den höchsten Gegenwert.[9]

Im allgemeinen hielten sich die einzelnen Familien nicht dauernd im selben Camp und Gruppenverband auf. Es war durchaus üblich, abhängig von den äußeren Lebensbedingungen, immer wieder den Aufenthaltsort zu wechseln und zu anderen Verwandten in deren oft weit entferntes Camp zu ziehen. Auch Kenojuak und ihre Verwandten hielten sich nicht ununterbrochen im Camp Sapujjuaq auf. Abhängig vom Wildvorkommen zogen sie unter Führung von Tagatuk, dem Bruder der Großmutter, oder mit ihrem Onkel Tikituk zu anderen Camps. Tikituk hatte vor kurzem seine Stiefkusine Lucy geheiratet: Beim Tod ihres Vaters war Lucy erst vier Jahre alt gewesen, und ihre Mutter war anschließend mit Tagatuk eine Ehe eingegangen. Tagatuk verfügte damals über ein Holzboot, das von Paddeln und einem Leinwandsegel angetrieben wurde. An ruhigen, windstillen Tagen war die Vorwärtsbewegung äußerst langsam, auch wenn alle ihre Paddel einsetzten. Die Paddel hatte Tagatuk selbst aus Treibholz geschnitzt, das er am Ufer fand.

Tayaraq war im Frühjahr 1935 verstorben. Als der Herbst kam, nahm sich Tapaungai, ihr hinterbliebener Mann, wieder eine Frau – Kenojuaks Mutter Silaqqi. Aus dieser Verbindung gingen vier Kinder hervor.
   Tapaungai und Silaqqi verließen Sapujjuaq nicht lange nach ihrer Heirat und zogen in das Camp Igalaalik („wo sich ein Fenster im Eis öffnet"), in dem schon Tapaungais Bruder Ashoona mit Pitseolak lebte. Die damals etwa achtjährige Kenojuak hatte sich jedoch eng an ihre Großmutter angeschlossen.
Sie blieb daher bei ihr im Camp Sapujjuaq und wohnte weiter mit ihr im sel-

ben Zelt. Sie erzählt uns, ihre Bindung an Quitsaq sei viel fester gewesen als die an ihre Mutter Silaqqi. Ihr Bruder Adamie lebte indessen bei seinem Onkel Niviaqsi, der sich kurz zuvor mit Kunu verheiratet hatte.

Hin und wieder machte sich Kenojuak mit Freunden zum Camp Igalaalik auf, um die Verwandtschaft zu besuchen und ein paar Wochen zu bleiben. So hielt sie sich mit zehn, elf Jahren wieder einmal dort auf. An einem Frühlingstag unternahm sie einen Schlittenausflug über das Meereseis. Mit von der Partie waren ihre ältere Schwester Qimmikpikaluk, ihr Bruder Adamie und der erfahrene Jäger Iqaluk, der die Kinder beaufsichtigte. Sie wollten bei nistenden Möwen nach Eiern suchen. Auf der Fahrt taten sich vor ihnen immer wieder breite Eisspalten auf, die sich über lange Strecken quer durch das Eis hinzogen und tief in das schwarzblaue Wasser blicken ließen. Alles schien ruhig und friedlich.

Plötzlich sah Kenojuak in einer der Eisspalten einen Kopf mit sehr, sehr langem schwarz flutendem Haar. Sie erkannte ein Wesen, das langsam vor ihren Blicken in der Tiefe versank. Auf ihr Rufen hin hob Adamie das Gewehr, doch Iqaluk wehrte heftig ab. Da wurde allen auf einmal bewußt: Sedna oder eine Taliilajuuq hatte sich ihnen gezeigt, die sagenumwobene Gottheit aller Meereslebewesen oder eine ihrer Gespielinnen. Erfüllt von Furcht und Erschrecken vorder unerwarteten Erscheinung kehrten die vier hastig zum Camp zurück.

Auf unser Fragen erfahren wir von Kenojuak, sie habe später noch oft und ohne alle Furcht in die tiefen schwarzen Spalten aufbrechenden Eises geblickt. Sedna aber hat sich ihr nie wieder gezeigt.

Kenojuaks ältere Schwester Qimmikpikaluk Oqutaq (1998)

Aus jenen Tagen weiß Kenojuak noch eine Reihe von Geschichten zu erzählen, so etwa diese: Zusammen mit einem ihrer jungen Onkel sollte sie ein Hundegespann lenken und beherrschen lernen. Zunächst galt es, geschickt vom gleitenden Qamutiik (Schlitten) zu springen, nebenher zu laufen und dann wieder aufzusitzen. Gezogen wurde der Qamutiik von einem fächerförmig laufenden Hundegespann mit unterschiedlich langen Zugseilen. Es war wichtig, einen guten Leithund zu haben, denn unter den im Gespann laufenden Tieren herrschte ein dauernder Wettstreit.

Einmal bekam Kenojuak die Aufgabe, die Hunde zu beaufsichtigen und ruhig zu halten, während ihr Onkel sich an eine Bartrobbe heranpirschte. Die Hunde wurden immer sehr erregt, wenn ihr „Meister" sein Gewehr anlegte, doch erst nach dem Knall des Schusses war ihnen das Losrennen erlaubt. Während ihr Onkel sich nun zum Schießen bereit machte, gelang es Kenojuak jedoch nicht, die Hunde in den Griff zu bekommen. Sie tobten wild durcheinander, und die Robbe entkam. Das Mädchen fühlte sich ziemlich blamiert, weil aus der Robbenjagd nichts wurde und sie selbst dazu noch beim Einfangen der Hunde von Schmelzwasser völlig durchnäßt wurde.

Sie war immer sehr traurig, wenn sie im Camp zurückbleiben mußte und die Robbenjagd ohne sie erfolgte. Durfte sie dagegen mitkommen, versetzte sie das jedes Mal in größte Aufregung. Wörtlich meint sie: „Es war herrlich, so zu leben. Doch auf die Hunde aufpassen und sie ruhig halten zu müssen, wenn sich einer an eine Robbe heranpirschte – das war etwas, was mir überhaupt nicht paßte."

Eine zweite Geschichte mit Hunden: Eines Frühlingstages reiste die ganze Familie vom Camp Igalaalik zur Großmutter nach Sapujjuaq. Während ihre Onkel mit dem Kanu fuhren, nahmen Kenojuak und ihre ältere Schwester Qimmikpikaluk den Hundeschlitten, und Kenojuak erinnert sich, daß ihr das viel Freude bereitete. Offenbar brachte ihre Schwester es unterwegs einmal nicht fertig, mit den Hunden eine bestimmte Wendung zu vollziehen. Da fühlte sich Kenojuak herausgefordert, das Gespann in die Richtung zu lenken, die sie wollte – und es gelang.

Nachdem sie aber das Camp erreicht hatten und die Leistung der Mädchen allgemeinen Beifall fand, da rannten die beiden in Großmutters Zelt und versteckten sich. Sie waren damals, als man ihnen erstmals ein Hundegespann in eigene Obhut gab, eben doch noch sehr jung und schüchtern.

Als sie später das Camp wieder verließen, gab man ihnen zwei Männer zum Führen des Gespanns mit, weil die große Schwester die Hunde noch nicht beherrschen konnte. Da war Kenojuaks Enttäuschung groß: Obwohl sie die Tiere in die gewünschte Richtung zu lenken vermocht hatte, trauten ihr die Erwachsenen das offenbar kein zweites Mal zu.

Und die dritte Hundeerzählung: Sie und ihre Tante Kanaaqbalik, die jüngere Schwester ihrer Mutter, fuhren eines Frühlingstages, als die Männer schon die Kanus zu Wasser brachten, mit dem Hundegespann zum Camp Sapujjuaq, wo sich eines ihrer Vorratslager befand. Die beiden waren sehr stolz darauf, diese Fahrt ohne die Hilfe der Männer zu schaffen, zumal Kenojuaks Begleiterin ein kleines Baby in ihrem Amautiq trug. Sie machten sich sogar daran, unterwegs noch nach Fuchsfallen zu sehen.

Als sie sich bereits auf dem Rückweg nach Igalaalik befanden, erinnerte sich Kenojuak einer Harpunenspitze, die sie in Sapujjuaq zurückgelassen hatten. Da die Tante die Hunde nicht zu bändigen vermochte, war es wieder einmal an Kenojuak, das Gespann zu wenden und zurück zu lenken. Aber kaum hatte sie die Seile entwirrt und die Hunde zur Ordnung gebracht, da stob die Meute plötzlich und unvermittelt los, hinunter zum Meeresufer. Eine Robbe hatte dort gelegen und in der Sonne gedöst. Der Leithund verbiß sich in die Robbe und versuchte, sich an sie zu hängen. Vergebens: sie entkam. Das Ganze endete mit viel Gelächter, obwohl die beiden traurig darüber waren, daß die Robbe verloren ging.

KALLUSIQBIK:
JOHNNIEBOS BRAUTWERBUNG UND
KENOJUAKS ANFÄNGLICHES WIDERSTREBEN

Im Jahr 1945 – Silaqqi war schon lange zuvor weggezogen – verließ auch Quitsaq das Camp Sapujjuaq und reiste mit ihrer Tochter Kanaaqbalik und deren Mann zum Natsilik-See (Nettling Lake). Hier an diesem weiter nördlich gelegenen größten See der Baffin-Insel gab es seinerzeit viele Karibus. Vor allem aber hielten sich in einem der Camps am Seeufer Verwandte von Quitsaq auf, die sie nach Jahren wieder einmal sehen wollte. Mit mehreren schwer beladenen Hundeschlitten bewältigten die Reisenden den langen und beschwerlichen Weg.

Kenojuak aber zog während Quitsaqs Abwesenheit in das Camp Igalaalik zu ihrer Mutter. Freudevolle Tage wurden es nicht, denn Tapaungai, Silaqqis zweiter Mann, starb bald darauf, im Frühjahr 1946, nach einer schweren, alle belastenden Krankheit. So war Kenojuak froh, als ihre Großmutter nach einem Jahr zu ihrem Sohn Tikituk und dessen Frau Lucy ins Camp Sapujjuaq zurückkehrte, und sie lebte von da an wieder mit der geliebten Großmutter zusammen. Quitsaq hatte dem Nettling Lake den Rücken gekehrt, als dort viele Menschen einer Grippeepidemie zum Opfer fielen, unter ihnen auch ihr Schwiegersohn und Ashoona, der Ehemann von Pitseolak Ashoona.

Aus zwei Gründen sind Kenojuak noch manche Einzelheiten des Sommers 1946 tief im Gedächtnis geblieben. So war damals Felix Conrad gestorben, der Leiter des Handelspostens der Baffin Trading Company (BTC) in Cape Dorset.

Winterliches Cape Dorset; im Hintergrund der Kinngait

Cape Dorset im Vorfrühling (April 1997)

Blick vom Flugplatz auf Cape Dorset (1996)

Abendstimmung über Cape Dorset (1995)

Er hatte sich aus Tundrabeeren, Rosinen und anderen getrockneten Früchten ein alkoholisches Getränk zusammengebraut und dieses in Methanol-Kannen aufgehoben. Eine unglückliche Verwechslung ließ ihn danach zu einer falschen Kanne greifen, und so hat er sich mit einem Methanoltrunk vergiftet. Als man ihn fand, lag er quer über der Schwelle des Warenlagers, für die Inuit ein bedeutsames Omen. Er wurde deshalb nicht auf dem Ortsfriedhof begraben, sondern am Rande eines Weges auf einem die Siedlung überblickenden Hügel. Unter den Siedlungsbewohnern hält sich seitdem die Legende, sein Geist gehe noch immer um in Cape Dorset. Auch nach fünfzig Jahren erzählt man sich über Felix Conrad, er habe viel Kraft in den Ausbau des BTC-Handelsgebäudes gesteckt und zum Beispiel die Wände mit Moos als Isolierungsmaterial ausgestopft – für die Lemminge ein guter Nistplatz. Als das Gebäude schließlich abgerissen wurde, entdeckte man noch eine von ihm wohl vergessene volle Gin-Flasche.

Conrad hatte eines Tages bei Peter Pitseolak um die Hand von dessen Tochter Udluriak angehalten, war jedoch abgewiesen worden. Pitseolak gab seine Tochter später Tommy Manning zur Frau, einem Mitarbeiter der Hudson's Bay Company. Aus dieser Ehe ging unter anderen auch unsere Inuktitut-Dolmetscherin Jeannie Manning hervor, die uns bei vielen Gesprächen mit Kenojuak half; Jimmy Manning, Manager in der West Baffin Eskimo Co-operative, ist ihr adoptierter Bruder. Udluriak wurde nur 47 Jahre alt. Sie starb im Jahr 1971 an einem Herzinfarkt, einer seinerzeit und sogar heute noch unter den Inuit eher seltenen Todesursache.

Die Baffin Trading Company hatte 1939 unter James Cantley, einem früheren Mitarbeiter der Hudson's Bay Company, ihre Tätigkeit in Cape Dorset aufgenommen; die Baring Brothers Bank (Newfoundland) hatte das Geld dafür zur Verfügung gestellt. Damit eröffnete sich den Inuit eine Alternative, Pelze in Tausch zu geben. Vor allem handelte die BTC nicht nur mit Fuchsfellen, sondern auch mit Robben- und Polarbärfellen und sogar mit Walroßhaut. Die Hudson's

Bay Company hatte bis dahin dagegen ausschließlich ausgesuchte Fuchspelze angenommen.

Bevor der neue Wettbewerber gekommen war, diktierte sie aus ihrer Monopolstellung heraus Art und Preise der handelsfähigen Pelze (vor 1939 zahlte sie z.B. nur fünf kanadische Dollar für einen Pelz, den Gegenwert von weniger als zehn Angelhaken). Nun aber trat eine Marktöffnung ein, und in einer normalen Saison ließ es sich recht gut von den Jagderfolgen leben.

Als dann aber die Baffin Trading Company 1948/49 ihre drei ostarktischen Handelsposten in Inukjuaq, Salluit (Sugluk) und auch Cape Dorset aus wirtschaftlichen Gründen wieder aufgeben mußte, wurden die Inuit wie zuvor von einem einzigen Handelspartner abhängig. Aus dieser Erfahrung heraus verstanden sie durchaus, welche Vorteile ihnen die Gründung einer Kooperative bot. Doch darüber ist erst später zu berichten.

Das zweite und für Kenojuak natürlich weitaus bedeutendere Ereignis des Jahres 1946 aber war, daß sie, kaum wieder zu ihrer Großmutter gezogen, die Geborgenheit in deren Camp für immer verlor. Die Kindheit der Inuit war damals noch sehr kurz. Vor allem die Mädchen wurden früh verheiratet; außerdem hatten sie traditionell keinen Einfluß auf die Partnerwahl. Oft diente die Heirat dazu, die Bande zwischen zwei Familien zu festigen. Wie uns junge Freunde aus eigener Erfahrung bestätigten, war es noch in den siebziger Jahren keineswegs ungewöhnlich, bereits für Neugeborene Abmachungen hinsichtlich einer späteren Heirat zu treffen. Allerdings wird das inzwischen (zwanzig, dreißig Jahre später) fällige Einhalten solcher Eheversprechen immer weniger ernst genommen: Die jungen Menschen setzen sich zunehmend über die Tradition hinweg und erfüllen sich ihre eigenen Wünsche.

Seit fünfzehn Jahren lebte Kenojuak nun schon im Camp Sapujjuaq. Sie war nunmehr neunzehn Jahre alt und hatte damit längst ein heiratsfähiges Alter erreicht. Zwar war sie nicht schon in frühester Kindheit verlobt worden, doch wurde auch sie bei der Wahl ihres Ehepartners keineswegs gefragt. Sie merkte vielmehr nur aus allerlei Anzeichen, daß sie eine wie auch immer geartete Übereinkunft zu einer „passenden Heirat" zu erwarten hatte. Und sie fürchtete sich nicht wenig vor der Aussicht, bald heiraten zu sollen.

An einem warmen Sommertag schlief sie im Qarmaq der Großmutter, als ein paar Besucher im Camp eintrafen, darunter ein Mann namens Taukie und seine Frau Elisapie. Sie kamen als Abgesandte von Taukies Bruder Johnniebo, der sich Kenojuak zur Frau wünschte. Kenojuak stellte sich weiter schlafend, als die Ankömmlinge darüber mit ihrer Mutter und ihren Onkeln sprachen. Lang scheinen die Verhandlungen nicht gedauert zu haben, dann waren sich die Teilnehmer darin einig, daß dies eine gute Verbindung zu werden verspreche. Johnniebo selbst war nicht anwesend: ein Freier durfte seinerzeit niemals bei den ersten Verhandlungen zugegen sein.

Kenojuak erinnerte sich durchaus an Johnniebo: Sie hatte ihn in Cape Dorset gesehen, und ihr fiel auch ein, wie er sie auf freundliche Weise geneckt hatte. Mochte er auch schon in jungen Jahren eine imposante Persönlichkeit gewesen sein, für Kenojuak sah er aus wie ein Qallunaaq, also ein Weißer. Sie sagt uns wörtlich: „Er war mir richtig zuwider, und ich freute mich keineswegs darauf, mit ihm verheiratet zu sein." Zwar hatte sie gar keine andere Wahl, nachdem die Heirat beschlossen war. Ihre Haltung war jedoch von dem trotzigen Gedanken bestimmt: „Ihr habt ihn ausgesucht, also könnt ihr ihn auch heiraten!"

Wir sprechen mit ihr über den Wandel der Gebräuche, der sich inzwischen auch bei den Inuit vollzieht. Bevor die Missionare gekommen waren, bestimmten meistens die Familien darüber, welche Kinder Mann und Frau werden sollten. Zuweilen ließ auch ein noch nicht versprochener junger Mann Verwandte bei den Eltern um deren Tochter anhalten (wie etwa Johnniebo). Die Heirat fand generell (und das ist bemerkenswert, weil bei anderen Ureinwohnern nicht üblich) ohne jegliche Zeremonie statt. Das änderte sich nach der Christianisierung nur insofern, als jetzt die Paare auch christlich getraut wurden, sobald ein Priester in die Gegend kam. Als schließlich eine staatliche Verwaltung eingerichtet war, wurden die Eheschließungen zudem administrativ erfaßt – zunächst durch Beamte der RCMP, danach durch die örtlichen Verwaltungsstellen. Inzwischen bilden sich häufig Partnerschaften ohne Eheschließung. Man fühlt sich so ungebundener und auch weniger verantwortlich.

Kenojuaks Einstellung in dieser Frage ist zwiespältig. Sie möchte Traditionen gewahrt wissen, doch hat sie auch Verständnis für das Verhalten der jüngeren Generation. Die Haltung, jeder Verpflichtung auszuweichen, lehnt sie allerdings rundweg ab. Als sie jung war, haben sich die Mädchen gegen das Verheiratetwerden gewehrt, und mit einem Lachen meint sie: „Wenn es noch wie in den alten Tagen wäre und die Männer offiziell um die Hand eines Mädchens anhalten müßten, dann wären die Männer arm dran. Die Mädchen wären dann nämlich wohl auch nicht so leicht zu haben wie heutzutage. Ich glaube: Die Bindungen waren damals jedenfalls viel stabiler als heutigen Tages!"

In den letzten Tagen jenes Sommers 1946 kamen die Menschen aus den umliegenden Camps in Cape Dorset zusammen, unter ihnen auch Kenojuak und Johnniebo mit ihren Verwandten und Freunden. Nach dem Aufbrechen des Eises und dem Freiwerden der Wasserstraßen warteten sie alle voll Freude und mit wachsender Erregung auf die Ankunft des Versorgungsschiffs „Nascopie". Dieses alljährliche Ereignis war zugleich die ersehnte Gelegenheit, Verwandte und Freunde wieder zu sehen. Und wie überall in der Arktis wurde die sommerliche Schiffslandung mit einem Volksfest, dem Umiakjuaqkanak (Zeit des großen Schiffes) begangen.

Wer immer dazu in der Lage war, half beim Löschen der Ladung. Die Güter wurden mit Booten zum Strand gebracht und dann zum Warenhaus getragen. Den Arbeiten folgte das Palajut (Werfen und Fangen). So nannte man die Ausgabe von Tee-, Gebäck-, Süßwaren- und anderen Nahrungsmittelpäckchen, aber auch von Tabakwaren und dicken Socken, die der Hudson's Bay-Manager üblicherweise vom Dach des Warenhauses den unten in großer Zahl wartenden Inuit als Lohn zuwarf.

Wegen der zunehmenden Ausbreitung von Tuberkulose wurden diesmal bei allen Inuit auf staatliche Anordnung an Bord des Schiffes Röntgen-Reihenuntersuchungen vorgenommen. Auch Kenojuak wurde zum ersten Mal vor einen Röntgenschirm gestellt.

Als die „Nascopie" zur Versorgung anderer Siedlungen wieder auslief, verließ auch Kenojuak Cape Dorset – zusammen mit Johnniebo. Sie wurde seine Frau, wie es bei den Inuit der Brauch war, ohne irgendwelche Hochzeitsfeierlichkeiten.

In den ersten Wochen ihrer Gemeinschaft muß Kenojuak für Johnniebo eine wahrlich widerspenstige junge Frau gewesen sein. Uns gegenüber hebt sie vor allem hervor, sie habe eine „sehr spitze Zunge" gehabt. Und wann immer Johnniebo sich ihr näherte, warf sie mit kleinen Steinen nach ihm. Er aber nahm das nicht ernst, lachte gutmütig und ließ mit seinen freundlichen Bemühungen um sie in keiner Weise nach. Kenojuak spürte, wie sehr er sie liebte und ihr in Treue ergeben war. Ihr gefiel dieser warmherzige und liebenswürdige Mann von Tag zu Tag mehr, und bald wurde er die große Liebe ihres Lebens: „Er war ein treuer Mann, wie es nur einen unter vielen Tausenden gibt!"

Johnniebo wurde im Jahr 1923 geboren und erhielt den Nicknamen des Mannes seiner Großmutter. Seine Vorfahren hielten sich ursprünglich wohl rund um den Cumberland Sound auf, vor allem in der Gegend der heutigen Siedlung Pangnirtung (seit kurzem auch „Panniqtuuq" geschrieben). Sie waren nachweis-

66

lich schon zur Mitte des 19. Jahrhunderts mit nordamerikanischen Walfängern in engere Berührung gekommen und auf deren Schiffen weit gereist. So starb z.B. Johnniebos Urgroßvater Kalluaqjuk auf der Rückfahrt aus den Vereinigten Staaten. Auch Johnniebos Großmutter Annie Qimmaluq, Kalluaqjuks um 1850 geborene Tochter, war häufig auf Walfangschiffen im Cumberland Sound, in der Frobisher Bay und in der Hudson Strait unterwegs. Wie viele andere Inuit half sie bei der Verarbeitung des damals noch reichen Fangs. Ihrer Verbindung mit einem der Walfängerkapitäne, einem Qallunaaq namens Walker, entstammte ein Mädchen, dem sie in Erinnerung an ihren Vater den Namen Kalluaqjuk gab.

Bald darauf, um das Jahr 1875, heiratete Annie Qimmaluq einen Inuk namens Qimuakjuk. Nach den überlieferten Schilderungen muß dieser eine bedeutende und angesehene Führungspersönlichkeit gewesen sein. Es wird ihm auch nachgesagt, er sei ein Schamane gewesen, obwohl er selbst das immer bestritt. Infolge seiner Tüchtigkeit und seiner Erfolge auf der Jagd verfügte er über eigene Walfangboote – für manchen Inuk Grund genug, ihn heftig zu beneiden. Bei den weißen Walfängern war er dagegen sehr angesehen, und sie nannten ihn John, Johnny oder auch „Maat". Einmal soll ein Qallunaaq gefragt haben: „Wo ist Johnnys Boot (Johnny's boat)?", was die Inuit veranlaßte, daraus „Johnniebo" zu bilden – einen Namen, den Qimuakjuk nie mehr verlor.

Um den Jahreswechsel 1888/89 wurde Johnniebo (d.h. Qimuakjuk) von Inuit ermordet. Noch heute erzählen Elders (Älteste) in Cape Dorset, so z.B. Osuituq Ipilie und Pauta Saila, was sie darüber von ihren Eltern erfahren haben. Hauptmotiv für den Mord scheinen demnach in der Tat Eifersucht und Neid auf seine Erfolge und seine Verbindungen zu den Qallunaat gewesen zu sein. Eine besondere Rolle spielte dabei offenbar der Anführer einer kleinen Clique namens Alainga. Dieser hat jedenfalls anschließend Johnniebos Witwe zur Frau genommen, was damals bei den Inuit durchaus üblich war.[10]

Schließlich ließ sich Annie Qimmaluq mit ihren Angehörigen in der Gegend von Kimmirut nieder, und eine Zeitlang arbeitete sie in Cape Dorset für die Hudson's Bay Company bei der Aufbereitung eingehandelter Pelze und Häute. Zuweilen nahm man dort auch ihre Dolmetscherhilfe in Anspruch, weil man überzeugt war, sie kenne die Sprache der Qallunaat, war sie doch mit dem Schiff auch in das Land der Weißen gelangt. Aber sie verstand wohl kaum mehr Englisch als die anderen Inuit.

Ihre (Walker-)Tochter Kalluaqjuk heiratete Ashevak, und sie hatten zusammen sechs Kinder, darunter eben auch Kenojuaks Ehemann Johnniebo. Kalluaqjuk tat sich als vielseitige Musikerin hervor; sie spielte das Akkordeon und die Fiedel gleichermaßen gut. Ihre Tochter Aggeok, die 1941 die zweite Frau von Peter Pitseolak geworden war, hat diese musikalischen Talente geerbt. Die Musikinstrumente waren von schottischen Walfängern um die Jahrhundertwende ins Land gebracht und später den Inuit überlassen worden. Von diesen Walfängern lernten die Inuit auch die Zubereitung von Bannock[11], einem Backwerk, das immer beliebter und bald eines ihrer Grundnahrungsmittel wurde.

Johnniebo und Kenojuak reisten am Ende jenes Sommers 1946 im Boot eines befreundeten Jägers zum Camp Kallusiqbik an der Saqbak Bay, wo sich auch Johnniebos Bruder Taukie und andere Familien aufhielten. Hier wie überall waren die Frauen allgemein dafür verantwortlich, daß der Alltag im Camp reibungslos vonstatten ging. Dazu zählte das Vorbereiten und Verarbeiten von Fleisch und Fisch, das Versorgen und Großziehen der Kinder, das Herstellen und Reparieren von Kleidung und das Präparieren von Häuten, auch deren Abschaben und Strecken. Das halbrunde Ulu (Frauenmesser) und der Schaber waren Gegenstände, ohne die eine Frau nicht auskam. Die Männer waren in erster Linie damit beschäftigt, zu jagen und so genügend Nahrung für Menschen und Hunde herbeizuschaffen. Bei den monatelang fast täglich auftretenden Schneestürmen hatte selbst ein geschickter Jäger nur dann Erfolg, wenn das Eis es zuließ. Natürlich mußten die Männer ihre Ausrüstung in gutem Zustand halten. Oft waren auch unverzichtbare Dinge wie Harpunen und Qamutiiks (Schlitten) herzustellen oder zu reparieren. Überdies waren sie für die Wohnstätten verantwortlich, sei es das Iglu oder das Qarmaq. Die meisten Entscheidungen hinsichtlich der Camp-Organisation und der Verlegung von Camps waren ebenfalls allein Männersache.

Während die Männer in den Tagen nach der Ankunft des jungen Paares vor allem auf Fischfang und auf die Jagd gingen, kümmerten sich die Frauen im Camp um die Vorbereitungen für den nahenden Winter. Kinder und Heranwachsende kletterten auf den umliegenden Hügeln herum und sammelten Moorbeeren in der Tundra. Kenojuak trug vor dem Einbruch des ersten Frostes Moos zusammen, wie sie es immer schon im Camp der Großmutter getan hatte. Sie brauchte das Moos als Docht für ihr Qulliq. Quitsaq hatte Kenojuak auch gezeigt, wie sich die Flamme durch Vermischen des zerkleinerten Mooses mit dem Flaum von Weidenblüten verbessern ließ. Der abgetrennte Deckel einer Tabaksbüchse, mit Nägeln durchlöchert, diente ihr dabei als Reibeisen, um das Moos in winzige Stückchen zu zerkleinern. Dieses feine Moos wurde in einem schmalen Streifen am geraden Rand des Qulliq ausgelegt und mit dem Öl von Robbenfett getränkt. Der so entstehende Docht ließ sich gut entzünden, und seine Flamme verbreitete nicht nur wohlige Wärme, sondern diente auch zum „Kochen" und zum Trocknen nasser Kleidung.

Das Versorgen des Qulliq war eine typische Haushaltsarbeit der Inuit-Frauen. Selbst während der Nachtruhe sorgten sie mit angekohlten Treibholzstäbchen oder Zweigstücken dafür, daß die Flammen nicht erloschen. Übrigens führten die Männer während des Fallenstellens und Jagens nicht selten kleine Qullit und Moosvorräte mit sich, um sich die Hände zu wärmen und am Ende des Tages ihre Kleidung im Jagd-Iglu zu trocknen.

Kiaqtuuq und Saatturittuq:
Junge Mutter

Nur kurz war die Zeit, die Kenojuak im Herbst 1946 mit Johnniebo in ihrem ersten gemeinsamen Camp an der Saqbak Bay verbringen durfte. Schnee hatte die Erde bereits weiß überzogen, aber noch war das Meer nicht gefroren, da sandte Peter Pitseolak sein Peterhead-Boot an die Saqbak Bay.

Im Januar 1946 war er kurzerhand zur Behandlung einer infektiösen Nierenerkrankung nach Winnipeg ins Hospital gebracht worden, und jetzt im Herbst war er heimgekehrt. Er gab seine Vollzeitbeschäftigung auf, die er in den Jahren zuvor bei der Baffin Trading Company in Cape Dorset ausgeübt hatte, und richtete an seine Verwandten die Aufforderung, zu ihm in sein Camp Kiaqtuuq zu kommen. Johnniebo und Kenojuak verließen daher gemeinsam mit Johnniebos Bruder Taukie und dessen Familie die Ufer der Saqbak Bay.

Kiaqtuuq liegt unweit von Cape Dorset, noch im Sichtbereich der runden Kuppe des die Siedlung überragenden Kinngait, und es war somit von hier aus nur eine kurze Strecke zum Handelsplatz zu überwinden. Was für die Inuit aber noch wichtiger war: Dieses Camp verfügte über unmittelbaren Zugang zum offenen Meer und seinen Jagdgründen. Kenojuak schildert Kiaqtuuq als wunderschöne Gegend mit Abhängen, die vor Vegetation strotzen, welligen Hügeln und zahllosen Seen. An den Ufern dieser Seen hatten schon die Vorfahren gelebt. Das belegen Spuren längst aufgegebener Wohnanlagen der „Tuniit" – überwachsene Zeltringe, Bodenvertiefungen und Gräber. Als Tuniit bezeichnen die Inuit die Menschen der Dorset-Kultur, die auf Baffin Island bis etwa zum Jahr 1300 n. Chr. lebten und dann durch die von der Beringstraße nachgewanderten Thule-Eskimos, den unmittelbaren Vorfahren der heutigen Inuit, teils absorbiert, teils verdrängt wurden. Wie uns immer wieder gesagt wurde, gelten die Tuniit bei den Inuit als ungewöhnlich stark, aber einfältig. Peter Pitseolak erzählt, nahe seinem Camp Kiaqtuuq habe sich ein ungewöhnlich großes Tuniit-Grab befunden, bei dessen Anblick er sich immer fragte, wer darin wohl begraben worden war.

Ende 1946 lebten unter Peter Pitseolaks Führung schließlich zehn Familien im Camp Kiaqtuuq: Pitseolak selbst mit den Seinen, daneben sein Bruder Qavavau und Familie, außerdem Kalluaqjuk, die Mutter seiner Frau Aggeok, sowie Aggeoks Brüder Taukie mit Elisapie und Johnniebo mit Kenojuak. In eng an eine schmale Klippe geschmiegten Unterkünften auf der anderen Seite des Hügels lebten die übrigen Familien, darunter Inuit, die später bekannte Künstler wurden: Quppapik ‚A' und seine Frau Mary sowie Kalai Adla und Natsivak.

Wie Kenojuak für uns anmerkt, starb Natsivak 1962 auf der Fahrt nach Cape Dorset, wo sie sich im Gesundheitszentrum vergebens in letzter Minute medizinische Hilfe erhofft hatte. Quppapik ‚A' und zwei seiner Verwandten raffte 1969 eine Fleischvergiftung dahin. Sie hatten sich diese beim Genuß von unsachgemäß fermentiertem Robbenfleisch zugezogen.

Während des ersten Winters in Kiaqtuuq mußten Johnniebo und Kenojuak die ganze Zeit über in einem Iglu wohnen. Als sie nämlich im Camp eintrafen, war die kalte Jahreszeit schon zu weit fortgeschritten, um noch ein Qarmaq zu errichten, wie beide es eigentlich gewohnt waren. Johnniebo baute daher notgedrungen ein Iglu, als der Schnee die geeignete Beschaffenheit erreicht hatte; sein Durchmesser lag bei fünf Metern. Gegen das Heruntertriefen von Schmelzwasser befestigten die beiden im Innern ein abdeckendes Zelttuch an Holzpflöcken, die durch die Schneeblöcke getrieben waren. Als Fenster diente ein Eisblock aus Frischwasser. Durch ein Loch in der Zeltbahn und der Schneemauer führten sie einen Kamin aus Schnee, dessen Innenwände sie mit Wasser bestrichen, so daß sie gefrieren konnten.

Peter Pitseolak legte Wert darauf, als anspruchsvoller Führer zu gelten, und erwartete von den Männern im Camp ein hohes Leistungsniveau und loyale Zusammenarbeit. Die ganze Fallenausrüstung gehörte allein ihm. Obwohl viele Füchse durch gemeinsame Anstrengungen gefangen wurden, dachte er nicht im entferntesten daran, die erbeuteten Pelze mit den Männern des Camps zu teilen oder ihnen wenigstens etwas von der Beute zu überlassen.

Johnniebo war damals einer der jüngsten Männer im Camp und mußte sich noch unterordnen. Für ihn bestand in absehbarer Zeit kaum Aussicht, seine Position zu stärken. Zudem besaß er nicht viel, mußte sich Peters Fallen ausleihen und war daher kaum in der Lage, sich und seine Frau durch Fuchsfang ausreichend zu versorgen, von wirtschaftlichem Aufstieg ganz zu schweigen. Das Camp verlieh jedoch allen Bewohnern eine gewisse Sicherheit, und so sah sich Johnniebo, wenn auch widerwillig, gezwungen zu bleiben.

Der 21. Juli 1947 ist ein Datum, an das sich noch jetzt alle Inuit erinnern, die damals im Sikusiilaq-Gebiet lebten. Die „Nascopie" rammte etwa zwei Kilometer östlich der Insel Cape Dorset nahe Beacon Island ein nicht in den Seekarten vermerktes Felsenriff am Meeresgrund und riß sich ein großes Leck in den Rumpf. Monatelang hing das Schiff auf den Felsen, dann entschwand es schließlich den Blicken. Fast ein halbes Jahrhundert ist vergangen, ehe Taucher das Schiffswrack kürzlich auf dem Meeresgrund untersuchten. Für Peter Pitseolak wie auch für die Bewohner seines Camps, also auch für Johnniebo und Kenojuak, war der Untergang der „Nascopie" von besonderer Bedeutung, und wir verdanken seinen Schilderungen bemerkenswerte Einzelheiten, die uns Kenojuak bestätigt.[12]

Wenn die „Nascopie" alljährlich in den Sommermonaten mit Versorgungsgütern ankam, gab es jedesmal eine Menge zu essen. Der Schiffskoch hatte offensichtlich ein Herz für die am Landeplatz wartenden Inuit und ließ es ihnen an nichts fehlen. Der eigentliche Name dieses Kochs war ohne Belang; man rief ihn bloß „Storekeeper!". Er rückte alles heraus, was ihm zur Verfügung stand –

Kiaqtuuq, das ehemalige Camp von Peter Pitseolak (2000)

Corned Beef, Stew, Backwerk, einfach alles. Natürlich wurde unter offenem Himmel gespeist; es gab ja keinen anderen Platz dafür. Zeigte sich das Schiff am Horizont, dann strömten die Menschen von allen Seiten nach Cape Dorset und halfen zwei, drei Tage lang beim Löschen der Ladung. Das Versorgungsschiff war das hauptsächliche Transportmittel jener Zeit. Der Lufttransport galt vielfach noch als zu teuer, und so brachte die „Nascopie" üblicherweise alle Waren für den Handelsposten der Hudson's Bay Company. Wer nicht Hand mit anlegen konnte, bereitete am Strand das Essen für die Lastträger zu; auch dafür gab es ein Entgelt.

1946 wurde der bisherige Schiffskoch durch einen anderen ersetzt. Auf einmal gab es für die Inuit nichts mehr zu essen, und überhaupt fühlten sie sich nunmehr unerwünscht. Nur Peter Pitseolak wurde von dem neuen Koch zum Essen eingeladen. Offensichtlich galt er nach wie vor als Respektsperson.

Im Jahr darauf gab es noch einen weiteren Wechsel an Bord: ein neuer Schiffskapitän hatte das Kommando übernommen. Und das sollte nicht ohne Folgen bleiben. Als die „Nascopie" sich nämlich an besagtem 21. Juli 1947 der Insel Cape Dorset näherte, riet der Hudson's Bay-Manager dem neuen Kapitän über Funk, er solle für die nicht ganz einfache Anfahrt den ortskundigen Pitseolak als Lotsen an Bord nehmen. Der Kapitän aber reagierte mit einem schroffen Nein. Anscheinend war er überzeugt, er wüßte alles selbst.

Peter Pitseolak meint dazu: „Wenn ich das Schiff gesteuert hätte, wäre es niemals auf Grund gelaufen. Ich hatte das Schiff schon in den letzten drei, vier Jahren gesteuert. Offensichtlich wollte der neue Kapitän nicht, daß ich auf das Schiff komme."

Da der Tag besonders schön war, ging Peter Pitseolak auf Robbenjagd. Er war auf frisches Fleisch aus, und nachdem der Kapitän auf seine Hilfe verzichtet hatte, sah er keinen Grund, nicht seinem Jagdvergnügen nachzugehen. Zwei Robben waren die Ausbeute. Auf dem Rückweg nach Cape Dorset sahen er und seine Begleiter, daß das Schiff ziemlich hoch aufragte. Wie sich herausstellte, hatte es die Felsen gerammt und saß nun bei Ebbe hoch auf ihnen fest. Als die Robbenjäger am Ufer anlangten, wurden sie mit den Worten begrüßt: „Unser Hilfsschiff ist auf Grund gelaufen", und Pitseolak gab scherzend zurück: „Dann laßt uns mal alle seine Besitztümer übernehmen!" Zu dem Zeitpunkt ahnte er noch nicht, daß die Felsen das Schiff leck geschlagen hatten und sein Scherz gar nicht so realitätsfern war.

Als in der Nacht die Flut wieder anstieg und das Schiff sich von den Felsen losgerissen hatte, sandte man nach Pitseolak, er solle eilends kommen und helfen. Mit einem Mal wurde er nun doch gebraucht. Inzwischen waren auch noch tiefschwarze Wolken aufgezogen, und trotz des sommerlich hohen Sonnenstands wurde es dunkel.

Auf der Fahrt mit dem Boot hinaus zu dem havarierten Schiff trafen die Helfer auf eine große Barke voll Qallunaat – es waren mit der „Nascopie" hierher Gereiste, die nun dem Ufer zuruderten. Sie schrien, das Schiff habe ein großes Leck. Pitseolak verstand als einziger, was geschehen war; seine Begleiter hörten nichts vor lauter Motorenlärm. Als Pitseolak seinen Begleitern zurief, was er gehört hatte, wollte der Hudson's Bay-Manager die Rettungsfahrt einfach abbrechen. Doch Pitseolak bedeutete ihm: „Das kannst du nicht machen! Wir müssen hin; da sind doch immer noch Leute an Bord. Du siehst doch, wie sie uns mit ihren Taschenlampen zu Hilfe rufen!"

Am Versorgungsschiff mußte der Bay-Manager dem Schiffskapitän erst klar machen: „Peter ist mit uns gekommen, um zu helfen." Da endlich ließ der ihn an Bord gehen. Die Mannschaft versuchte gerade vergebens, das eingedrungene Wasser aus dem Schiffsrumpf zu schöpfen. Dabei warfen sie auch Kohlen für die Schiffsmaschinen über Bord. Zu allem Unglück hatte es inzwischen zu regnen angefangen, und der Kapitän bat die Helfer deshalb in seine Kajüte. Dort hatte er schon „starkes Wasser", Whisky, bereit gestellt. Pitseolak wollte sich jedoch nicht betrinken, und so goß er den Inhalt seines Glases in einen Schöpf-eimer, als der Kapitän sich einmal abwandte. Auch der Bay-Manager schüttete seinen Drink weg, um sich nicht zu benebeln.

Nach einigem Hin und Her gab sich der Kapitän geschlagen: „Okay, Pitseo-lak, dann lenkst eben du das Schiff!" Der Anker wurde gelichtet, und das Schiff nahm Fahrt auf. Pitseolak steuerte das Schiff zunächst der eigentlichen Fahrt-route entgegen, um den Untiefen zu entgehen. Doch bald bremste ihn der Kapitän: „Laß uns nicht zu weit in tiefes Wasser laufen!" Wie sich für Pitseolak erst später herausstellte, fing das Schiff schon zu dieser Zeit an, langsam zu sin-ken. Die Qallunaat wußten das, sie wollten es aber dem Inuk verheimlichen: er sollte erst einmal sein Bestes versuchen.

Pitseolak drehte das Schiff dann um 180 Grad, und nun waren sie auf der richtigen Route. Die Untiefen lagen hinter ihnen, und Pitseolak sagte dem Kapitän, jetzt müßten sie volle Fahrt voraus nehmen. Kaum hatte er das jedoch geäußert, da bewegten sie sich rückwärts. Pitseolak fragte ein paar Mal ungläu-big: „Was soll das denn? Ihr fahrt ja in die falsche Richtung!" Er verstand nicht, warum die Qallunaat nicht alles zur Rettung von Schiff und Ladung versuch-ten. Am Ende gab ihm der Bay-Manager resignierend zur Antwort: „Es hilft doch alles nichts!"

Mit dem Heck voraus schoben sie sich auf eine kleine Insel zu und setzten schließlich das Schiff erneut auf Grund. Der Kapitän hatte längst alle Hoffnung aufgegeben und war fest überzeugt, sie würden sinken, bevor sie die Pier von Cape Dorset erreichten, falls sie die Fahrt fortsetzten.

Das Schiff nahm nun stetig mehr Wasser auf und bekam Schlagseite. Alle Rettungsboote wurden in größter Eile zu Wasser gelassen. Auch Pitseolak – er war der einzige Inuk an Bord – wurde aufgefordert, in eines der Boote zu gehen. Als er das Schiff verließ, waren die Maschinen der „Nascopie" schon von Wasser überflutet. Zu der Zeit hatte es den Anschein, als ob der Kapitän bleiben wollte. Erst als der Bay-Manager ihn heftig drängte, endlich von Bord zu kommen, stieg auch er in eines der Rettungsboote; es legte als letztes ab. Alle Boote der „Nascopie" erreichten schließlich wohlbehalten das rettende Ufer, wo die zuerst von Bord gegangenen Qallunaat auf sie warteten.

Nach einigen Stunden tauchte die „Avatuk" (sie hieß eigentlich „M/V MacLean") auf und kam den Schiffbrüchigen zu Hilfe. Die inzwischen aus der ganzen Umgebung mit ihren Booten herbeigeeilten Inuit – darunter auch Peter Pitseolaks Bruder Pootoogook – halfen beim Einschiffen. Am Ende hielten die Qallunaat Peter Pitseolak zurück und warteten, bis Pootoogook und die übrigen Inuit ans Ufer zurückgekehrt waren. Dann forderten sie Pitseolak auf: „Nun mach schon, und nimm dir so viel aus dem Wrack, wie dein Boot tragen kann!"

Über den weiteren Verlauf führt Pitseolak aus: „Mein Boot war bald voll, und es war kein kleines Boot. Wir fühlten uns glücklich und zufrieden – bis wir das Ufer erreichten. Als wir dort landeten, wurden wir nämlich mächtig beschimpft. Mein Bruder Pootoogook war ganz außer sich, weil er sich auch mit Schiffsgut bedienen wollte. Es war recht unerfreulich. Er schalt uns wegen Dingen, die er sich selbst unter den Nagel reißen wollte. Dabei war ich doch der einzige, der sich nehmen durfte, was er wollte.

Schließlich kam dann noch unser ‚Boß', der Hudson's Bay-Manager. Als er Sachen sah, auf die er selbst scharf war, da log er ganz skrupellos: ‚Das ist meine Bestellung!' Ich war zunächst ziemlich nachgiebig und gab manches weg. Dann aber überfiel es mich plötzlich, und ich sagte dem Bay-Manager wütend: ‚Das ist alles dein! Nimm es doch – alles im Boot!' Daraufhin zog er ab.

Ein blöder Polizist aus Lake Harbour hatte sich ebenfalls eingefunden. Und auch er nahm sich, was ihm gefiel – Gegenstände von uns. Es war reine Habgier. Ich sagte ihm, er nehme Dinge weg, die den Inuit gehörten, und erst da steckte er mit seiner Raffsucht zurück.

Bis von Kimmirut [vormals Lake Harbour] trafen Boote ein, und selbst von Inukjuaq [damals noch Port Harrison] kamen Inuit mit drei Booten über die Hudson Strait herüber, um etwas von dem gestrandeten Schiff zu erhaschen. Allerdings konnten sie das Schiff nicht mehr betreten, weil es schon zu tief gesunken war. Doch gaben ihnen die Leute von Cape Dorset von ihrer ‚Sammlung‘ ab.

Auch im Süden hörten die Leute über uns. Unser Bay-Manager schrieb ihnen einen verleumderischen Brief, worin er ausführte: ‚Die Inuit jagen nun keine Füchse mehr – sie sitzen einfach herum, weil sie jetzt reich sind.‘ Das war die glatte Unwahrheit: Wir jagten nach wie vor Füchse. Aber manche Leute sind eben nicht glaubwürdig.“

Mit Hilfe seiner Männer, darunter auch Johnniebo, hatte Peter Pitseolak sein Peterhead-Boot mit Holz, Kohlen und einer Menge anderer Dinge vom Wrack schwer beladen und transportierte nun alles in sein Camp Kiaqtuuq. Aus dem Material der „Nascopie“ baute er sich dann in jenem Herbst ein stabiles Holzhaus. Die Eingangstür zierte die Bezeichnung „Chief Stewart“, und hinter Bullaugen-Fenstern standen drei Badewannen, die sich vorzüglich für das Aufschneiden und Zerteilen von Robbenfleisch eigneten. Baden war, wie gesagt, Peters Sache nicht. Solange der Vorrat reichte, und das waren nur zwei Winter, heizte er das Haus mit Kohlen. Danach aber wohnte Pitseolak nur noch während des Sommers in seinem komfortablen Haus; die kalte Jahreszeit verbrachte er dagegen auf traditionelle Weise im Qarmaq. Die Temperaturen waren darin angenehmer zu gestalten als in dem großen Haus. Die Leute belächelten lange Zeit seine Fehlinvestition. „Vielleicht waren sie aber auch nur neidisch auf ihn“, meint Kenojuak lachend.

Im Jahr der „Nascopie“-Havarie, also ein Jahr, nachdem sie die Verbindung mit Johnniebo eingegangen war, erwartete Kenojuak ihr erstes Kind. Die Frauen im Camp gaben ihr gute Ratschläge und teilten ihr viele Vorsichtsmaßregeln mit.

So lernte sie, das Kauen von Kaugummi führe dazu, daß das Kind mit einer klebrigen Schicht auf der Haut geboren werde. Beim Wolleflechten sollte sie sich davor hüten, eine Schlinge zu machen, sonst könnte sich das ungeborene Kind mit der Nabelschnur strangulieren.

Ihre Schwiegermutter sprach mit ihr über pränatale Tabus, die noch in der vorhergehenden Generation praktische Bedeutung hatten. Damals blieb eine Frau in den Wehen mit ihrem ersten Kind allein in einem Qarmaq oder Iglu, das nur zu diesem Zweck gebaut worden war. So saß ihre Schwiegermutter, nur mit Wasser gegen den Durst versehen, vor Jahren selbst noch in einem kleinen Iglu ohne Dach auf einem Karibufell und gebar ihr Kind ganz allein. Sie band die Nabelschnur mit Karibusehnen ab und vergrub die Nachgeburt. Zum Familienverband durfte sie nicht zurückkehren, bevor die Nabelschnur des Babys abgefallen war. So blieb sie mehrere Tage ganz sich selbst überlassen.

Glücklicherweise mußte sich Kenojuak solchen Bräuchen nicht mehr unterziehen. Es war Herbst. Schnee bedeckte die Tundra, doch Eis hatte sich noch nicht gebildet. Da wurden vier Frauen, die ihr als Hebammen während der Zeit der Wehen beistehen sollten, in Kenojuaks Qarmaq beordert. Niemand sonst durfte während der Wehen das Qarmaq betreten. Zwei von ihnen hielten zur Sicherheit die Arme der Gebärenden fest, als sie auf den Karibufellen kniete. Eine andere stemmte das Knie gegen ihren Rücken. So gebar sie zum ersten Mal.

Das Neugeborene war ein Junge. Johnniebo nannte ihn Jamasie nach seinem Bruder, der als junger Mann verstorben war. Kenojuak trug das Kind in ihrem Amautiq überall mit sich herum. Es entstand eine enge, liebevolle Bindung. Für die junge Mutter war es eine beglückende Zeit.

Eine Frau und ihre Kinder hatten noch zur Jahrhundertmitte beträchtliche Mühsal zu ertragen, wenn sie ohne die volle Unterstützung durch einen erwachsenen Mann auskommen mußten. Das veranlaßte Kenojuaks Mutter Silaqqi, im selben Jahr (1947) eine neue Verbindung einzugehen – mit Nuvualia, dem

79

Cross Fox (Kreuzfuchs – wegen der kreuzförmigen Zeichnung auf
dem Rücken), eine verhältnismäßig seltene Unterart des Rotfuchses

Bartrobbe in der wärmenden Frühlingssonne auf einer Eisscholle

Bruder von Johnniebos Vater Ashevak. Als wir mit Kenojuak etwas eingehender über diese Verbindung von Johnniebos Onkel Nuvualia mit ihrer Mutter sprechen, erfahren wir, daß der in der Siedlung noch heute hochangesehene, in seinen letzten Lebensjahren berühmt gewordene Künstler Parr ebenfalls ein Bruder Ashevaks war, mithin ein Onkel Johnniebos.

Beiläufig erfahren wir auch ein Geschehnis aus Parrs Vergangenheit – ein Beispiel für Frauentausch, wie er in den „alten Tagen" der Inuit durchaus nicht ungewöhnlich war: Parr wurde von seinen Eltern mit einem Mädchen namens Ningeukaluk verheiratet. Er scheint an seiner jungen Frau jedoch nicht allzu großen Gefallen gefunden zu haben. Als Pootoogook ihm nämlich einen Frauentausch vorschlug, willigte er ohne weitere Umstände ein, zumal aus der Verbindung noch keine Kinder hervorgegangen waren. Pootoogook gab ihm seine Halbschwester Eleeshushe zur Frau, und Parr überließ Pootoogook dafür Ningeukaluk. In neuerer Zeit scheint solch ein Frauentausch nicht mehr stattzufinden; wir haben jedenfalls nirgends mehr davon gehört.

Silaqqi und Nuvualia zogen in das Gebiet von Kimmirut (Lake Harbour) und ließen sich dort nieder. 1949 bekamen sie noch eine Tochter, Iqarlik, die heute in Cape Dorset lebt, getrennt von ihrem Ehemann Elijah Pootoogook.

In jenem Winter waren Johnniebo und die anderen Männer viel damit befaßt, Polar- und Kreuzfüchse mit Fallen zu fangen. Dann wieder jagten sie Robben an der Eiskante und gelegentlich ein Walroß mit dem Boot.

Die Robbenjagd erfolgte entweder über dem Aglu, also dem Atemloch im Eis, oder von der Eiskante, nicht selten auch auf dem offenen Wasser vom Boot aus. Die Robbe hält ihre Atemlöcher dadurch offen, daß sie immer wieder an die Eisoberfläche hochkommt. Mit Hilfe einer Sonde findet der Inuit-Jäger heraus, wo sich ein Atemloch befindet, falls es mit Schnee bedeckt ist.

Er steht oft stundenlang bewegungslos über das Loch gebeugt, bis er das

Geräusch der austretenden Atemluft hört oder die Bewegung einer als Indikator dienenden Daune sieht. Dann stößt er die Harpune blitzschnell in das Aglu in der Hoffnung, die Robbe zu treffen. Hat er dabei Erfolg, dann zieht er die Robbe durch das Aglu nach oben auf das Eis. Ist jedoch eine Bartrobbe seine Beute, bedarf es der Hilfe mehrerer Männer, um das Tier aus dem Wasser zu hieven – es kann drei-, vierhundert Kilogramm wiegen.

Im Frühjahr, wenn die Robben die wärmende Sonne auf der Eisoberfläche suchen, ist die Jagd wesentlich einfacher. Der Jäger versucht dann, oft getarnt durch einen Schild aus weißer Zeltbahn, sich so nahe wie möglich an die auf dem Eis liegende Robbe heran zu schieben, um sie zu schießen oder zu harpunieren, bevor sie ins Wasser entgleitet.

Im Sommer 1948 machten sich alle Inuit der Umgebung auf den Weg nach Cape Dorset, um auf die Ankunft eines speziellen Schiffes zu warten, das medizinische und zahnmedizinische Untersuchungen an der Bevölkerung vornehmen sollte. Wieder fand eine Röntgen-Reihenuntersuchung statt, und auch sonst wurden medizinische Tests durchgeführt. Wegen krankhafter Befunde mußten viele gleich an Bord des Schiffes bleiben und mit in den Süden reisen. Sie wurden dort zur Behandlung schwerer Krankheiten, darunter vor allem Tuberkulose, in Hospitäler und Sanatorien gebracht.

Damals lebte Quitsaq, Kenojuaks Großmutter, auf einem Auge erblindet und von arthritischen Schmerzen gequält, mit ihrer jüngsten Tochter Kanaaqbalik zusammen. Auf einer Reise von ihrem Camp nach Cape Dorset erkrankte sie schwer und starb noch unterwegs; sie wurde in der Siedlung bestattet.

Das Jahr 1948 brachte auch das Ende der Baffin Trading Company (BTC) in Cape Dorset. Im selben Jahr wurden öffentliche Unterhaltszuschüsse für Familien eingeführt. Die Auszahlung erfolgte anfangs über die Hudson's Bay Company und linderte manche akute Notlage. Im Auftrag der Regierung erhoben damals noch die Offiziere der Versorgungsschiffe bei den Inuit jährlich alle Daten über Heiraten, Geburten und Todesfälle – Aufgaben, die in der Folgezeit Beamte der Royal Canadian Mounted Police (RCMP) und andere örtliche Regierungsbeauftragte übernahmen. Bis dahin trugen die Inuit im allgemeinen nur einen Namen, der ihnen bei der Geburt gegeben wurde. Neugeborene erhielten ihren Namen übrigens in früheren Zeiten nicht etwa durch die Eltern, sondern durch die „Elders", d.h. die Camp- oder auch die Siedlungsältesten. Auch war aus diesen Geburtsnamen nicht erkennbar, ob es sich um einen Jungen oder ein Mädchen handelte – Namen wurden häufig zum Gedächtnis an kürzlich Verstorbene gewählt. Nun aber wurde jedem Inuk eine amtliche Nummer zugeteilt. Kenojuak erhielt die Nummer E 7-1035 und wurde jahrelang nur unter diesem Code geführt. „E" bedeutete East of Gjoa Haven; die Ziffer 7 stand für die Cape Dorset-Region, und die vierstellige Zahl war kennzeichnend für die Person selbst. Erst in den Jahren 1968 bis 1970 sollte dieser von den meisten als entwürdigend empfundene Zustand ein Ende finden; die Inuit erhielten dann selbst gewählte Nachnamen.

Im März 1949 besuchte ein anglikanischer Missionar mit seinem Hundeschlitten von Kimmirut aus die verstreuten Camps, darunter auch Kiaqtuuq. In Peter Pitseolaks Holzhaus vollzog er die kirchliche Trauung von Johnniebo und Kenojuak. Am folgenden Abend wurde ihr Junge getauft. Peter Pitseolak fühlte sich in seinem Element. Er war einer der ersten Inuit, die eine Kamera besaßen, und er hielt möglichst alles auf Fotografien fest. Kenojuak erhielt vom ihm eine Fotografie des jungen Priesters, wie er in Peters Haus am Tisch sitzt.

Den folgenden Sommer verlebten Johnniebo und Kenojuak im Camp Saatturittuq – an der „Sartowitok Bay", wo sich schon zuvor andere Verwandte eingefunden hatten. Die Gegend war dafür bekannt, daß hier besonders viele

Schneehühner nisteten. Doch war das nicht der eigentliche Grund für den Wechsel in dieses Camp: Johnniebo war es vielmehr endlich leid, immer Peter Pitseolaks Befehlen folgen zu müssen und dazu noch von dessen Wohlwollen abzuhängen.

Kenojuak erwartete ihr zweites Kind, und unter Mithilfe von Kingwatsiaks Frau und ihrer Schwägerin Elisapie gebar sie hier ihre Tochter Mary.

Camp Saatturittuq im Sommer
(zuletzt das Camp der Künstler Qaqaq und Mayureak Ashoona)

Camp Saatturittuq im Winter

SIEDLUNG CAPE DORSET: BEDEUTSAME VERÄNDERUNGEN

Das Jahr 1950 bescherte Sikusiilaq bedeutsame Veränderungen: Andere Staaten zeigten Interesse an möglichen Bodenschätzen in der Arktis. Die kanadische Regierung hielt es daher aus politischen Gründen für dringend geboten, in den arktischen Regionen des Landes Flagge zu zeigen. Im Zuge entsprechender Maßnahmen kamen auch erstmals ein Lehrer und eine Krankenschwester, A. F. „Bill" Applewhite und seine Frau Phyllis, in die Siedlung Cape Dorset. Damit nahm eine allgemeine schulische Erziehung der jungen Inuit ihren Anfang, und den Bewohnern der Siedlung und der umliegenden Camps stand von nun an ständig medizinische Hilfe zur Verfügung.

Über die Vorgeschichte berichtet Peter Pitseolak,[13] unter denen, die mit der auf Grund gelaufenen „Nascopie" nach Cape Dorset gekommen waren, seien auch zwei Regierungsbeamte gewesen, die sich um das Schul- und Gesundheitswesen in den Inuit-Siedlungen kümmern sollten. Sie fragten Pitseolak, ob er es für wünschenswert halte, in Cape Dorset Lehrer und Krankenschwestern einzusetzen. Er sei der „Boß" hier, also habe er das zu entscheiden. Als Pitseolak sich zustimmend äußerte, verlangten die Beamten zur Bekräftigung seiner Aussage zwei Zeugen. Pitseolak wählte dafür auch seinen Bruder Pootoogook aus. Der sah sich durch den ganzen Vorgang zu der durchaus verständlichen Frage veranlaßt, wie Pitseolak denn dazu komme, der Boß zu sein – wo er, Pootoogook, doch der viel Ältere sei. Pitseolak erzählt, seine Entgegnung sei gewesen: „Das Alter hat damit doch nichts zu tun. Ich wurde eben als Boß ausgesucht."

Diese offenbar nicht sehr brüderlich geführte Diskussion gab letztlich den Anstoß, daß Pootoogook in der Folgezeit seine Macht und Autorität nach außen verdeutlichte. Zwar hatte Peter Pitseolak in seinem Camp Kiaqtuuq unbestritten die Führungsrolle inne, doch Pootoogook dehnte (sieht man von Kiaqtuuq ab) seinen Einfluß mit Hilfe seiner Söhne über das ganze südliche Baffin Island bis Iqaluit aus; er wurde zum „Eskimo King". Über die Rivalität der Brüder wurde uns noch dieser Tage in Cape Dorset gesagt: „Peter Pitseolak wollte ein großer Führer sein; Pootoogook war ein großer Führer."

Zwei Jahre brachten die Applewhites in Cape Dorset zu, und als ihr Auftrag zu Ende ging, fiel ihnen das Scheiden schwer. Die Ereignisse dieser Zeit hat Applewhite schriftlich festgehalten.[14]

Er war ein Mann, dessen Leben wohl selbst für einen Kanadier ungewöhnlich variantenreich verlief. Zwölf Jahre lang hatte er es in Ontario an der Schule der kleinen Gemeinde Oakland nahe Brantford ausgehalten, doch dann wurde ihm der Alltagstrott zu eintönig. Ihn drängte es, ganz anders geartete, womöglich gar missionarische Aufgaben zu übernehmen. Unter mehreren Angeboten lockte ihn eines besonders: Ein Ehepaar wurde gesucht, dazu bereit, Aufgaben auf den Gebieten des Erziehungs- und Gesundheitswesens in abgeschiedenen Gegenden Kanadas zu übernehmen, etwa im hohen Norden. Der erfahrene Lehrer und seine als Krankenschwester ausgebildete Frau schienen hierfür wie geschaffen, und so akzeptierten die beiden Anfang 1950, nach Cape Dorset zu gehen. Den Namen dieser Siedlung hatten sie zwar nie zuvor vernommen, und sie hatten dementsprechend auch keine Ahnung, wo sie liegen mochte.

Dennoch bestiegen sie im Sommer ohne weitere Umstände in Winnipeg die Eisenbahn nach Churchill an der Hudson Bay, um von dort aus mit der „C. D. Howe" an die Südwestküste von Baffin Island zu reisen. Es war eine stürmische Überfahrt. Das Schiff tanzte zeitweilig wie ein Korken auf den hoch aufgepeitschten Wellen, und Applewhite wäre am liebsten gestorben, so sehr hatte ihn die Seekrankheit erwischt.

Die „C. D. Howe", mit der die Applewhites an ihren neuen Einsatzort reisten, war ein mit medizinisch-technischen Einrichtungen ausgestatteter Eisbrecher, der als Lazarett- und Krankentransportschiff diente. Sie nahm transportfähige Patienten, die für ihre Betreuung einen Klinikaufenthalt benötigten, mit in den Süden und brachte Genesene wieder in ihre arktische Heimat zurück. Bei den Kranken handelte es sich überwiegend um Tuberkulose-Infizierte, die zunächst in das Parc Savard Hospital in der Nähe von Montréal oder eine Fachklinik in Québec eingeliefert und nicht selten daran anschließend noch in ein Sanatorium in Hamilton zur Nachbehandlung aufgenommen wurden. Die Patienten verbrachten meist Monate oder gar Jahre fern von ihren Verwandten. Die Sterberate war sehr hoch, und nicht wenige starben, ohne die Heimat jemals wieder zu sehen – die Abreise in den Süden wurde vielen von ihnen so zum Abschied für immer.

Fast gleichzeitig mit der „C. D. Howe" und den Applewhites traf das alljährliche Versorgungsschiff ein und mit ihm eine Sendung Baumaterial, die wie üblich einfach am Strand abgeladen wurde. Im wesentlichen bestand sie aus Fertighausteilen, die in Montréal von einer Gesellschaft namens „Tower Construction" vorfabriziert worden waren.

Ortsansässige und in nahen Camps lebende Inuit, unter ihnen auch der von Saatturittuq herüber gekommene Johnniebo, stellten nun in Strandnähe, fachlich kaum angeleitet, das erste Schulhaus und daneben ein kleines Wohngebäude für den Lehrer auf. Dieses Wohnhaus, hochtrabend „Beach House" genannt, war nicht gerade als luxuriös zu bezeichnen. Es wurde im damals überall in den arktischen Siedlungen gebräuchlichen Flachdachstil einer „Matchbox" (Streichholzschachtel) errichtet und bestand nur aus zwei Schlafräumen mit Kochecke.

Das Schulhaus war zwar auch nicht aufwendig gebaut, doch genügte es den damaligen Ansprüchen im Norden und bot immerhin fünfzig bis sechzig Schülern

Timmun Alariaqs „Beach House",
das mehrfach umgebaute Lehrerhaus von 1950

Ehemaliges Schulhaus von 1950,
heute (kaum genutztes) Nähzentrum „Natsiq"

Platz. Es war mit Öl beheizbar und verfügte über elektrisches Licht, das allerdings nicht immer so funktionierte, wie Applewhite sich das wünschte.

Applewhite war ziemlich ahnungslos gewesen, worauf er sich eingelassen hatte. Selbstverständlich wußte er aus zwölfjähriger Erfahrung, wie er als Lehrer mit jungen Menschen umzugehen hatte. Auch kannte er die überall im Süden üblichen Lehrpläne. Nicht zuletzt waren er und seine Frau bei der Landung in Cape Dorset auch gedanklich darauf vorbereitet, mit unerwarteten Situationen konfrontiert zu werden. Doch was nützte das alles: Die Inuit sprachen kein Englisch und, schlimmer noch, sie verstanden auch kein einziges Wort.

Die Menschen in Cape Dorset waren allgemein von solcher Gastlichkeit und Liebenswürdigkeit, daß Applewhite betont, er sei hier vermutlich den feinsten Menschen in seinem ganzen Leben begegnet. Als besonders herausragende Führungspersönlichkeit lernte Applewhite damals Pootoogook kennen, und auch dessen Bruder Peter Pitseolak fiel ihm als intelligenter und kenntnisreicher Mann auf.

Seiner Ansicht nach sind die Inuit im besten Sinne des Wortes „religiös" und auf jede Weise bemüht, gute Menschen zu sein und sich streng an die Lehren der Bibel zu halten. Allerdings merkt er dazu an, daß sie meist auch abergläubisch seien und noch an Geister glaubten.

Er verständigte sich mit ihnen zwar durch Handzeichen, Augenzwinkern und einer Mischung von englischen und Inuktitut-Wörtern. Dennoch empfand er es als unbefriedigend, sich nicht normal mit den Siedlungsbewohnern unterhalten zu können.

Für die von ihm zu schreibenden dokumentarischen Monatsberichte war er aus diesem Grunde auf indirekte Informationen angewiesen, und manchmal saugte er sich deshalb Dinge aus den Fingern, über die er später selbst nur den Kopf zu schütteln vermochte. So schrieb er einmal in einem Bericht über Hygienebedingungen, wenn die Menschen hier über Wasser für das Zubereiten von Tee verfügten, dann hätten sie auch Wasser, um darin zu baden. Nachträglich meint er dazu ironisch: „Ich weiß nicht, ob du 's jemals versucht hast, aber es ist recht schwierig, in einem Iglu ein Bad zu nehmen. Es fühlt sich wahrhaft kalt an, wenn bestimmte Teile der Anatomie die Schneewände berühren …" Peter Pitseolak verwendete dementsprechend die Badewannen aus der „Nascopie" für das Zerlegen von Robben; nach Baden war ihm jedenfalls nicht zumute.

Das ehemalige Lagerhaus der Baffin Trading Company, das seit zwei Jahren ungenutzt geblieben war, sollte nun als Krankenstation dienen. Das zur Umrüstung gebrauchte Material und auch die übrigen bis zum nächsten Sommer benötigten medizinischen Artikel waren zwar mit den beiden zugleich angekommen. Doch nun sah sich Applewhite, eigentlich ja nicht als Zimmermann ausgebildet, mit der Aufgabe konfrontiert, erst einmal die Krankenstation zweckgerecht herzurichten. Noch während des Umbaus wurde sie in Betrieb genommen. Zu viele Menschen in der Siedlung oder aus den Camps der nahen und weiterer Umgebung litten an den verschiedensten Krankheiten und hatten längst auf Hilfe gehofft. Vor allem die Tuberkulose grassierte, und viele Erkrankte hatten bereits resigniert und warteten auf den langsamen, sicheren Tod.

Ein Problem ergab sich mit der Krankenstation allerdings, mit dem bei deren Einrichtung niemand gerechnet hatte: In diesem ehemaligen Lagerhaus der Baffin Trading Company spukte der Geist des hier auf unglückliche Weise vier Jahre zuvor an Methanolvergiftung verstorbenen Managers Felix Conrad. Jedenfalls glaubten die Inuit fest daran und versuchten auch Applewhite von dieser „Tatsache" zu überzeugen, weil sie das Gebäude – vor allem während der Dunkelheit – nur mit Scheu und Furcht zu betreten wagten. Als Applewhite eines Tages die Schule verließ, hörte er aus der Krankenstation lautes Geschrei. In der Annahme, Kuyu, die dort mit allen möglichen Hilfsarbeiten beschäftigt war, habe sich beim Hantieren mit der Waschmaschine verletzt, stürzte er in das Gebäude. Er fand sie völlig verstört und weiß wie die Wand vor. Alles, was er aus ihr herausbrachte, war, im Obergeschoß befinde sich ein Qallunaaq mit einem Hund; mehr verstand er nicht. Erst später am Abend erklärte ihm der als Dolmetscher hinzugezogene Tommy Manning, was sich zugetragen hatte: Anscheinend hatte Kuyus kleine Tochter, die sich bei ihrer Mutter in der Krankenstation aufhielt, die Treppe hinaufgeblickt und einen weißen Mann mit seinem Hund gesehen – danach stand das Mädchen wie versteinert da und konnte sich nicht mehr bewegen. Das Kindergeschrei ließ die Mutter herbeistürzen. Als sie aber nach der Kleinen griff und ihr Blick dabei ebenfalls treppauf fiel, da erkannte auch sie das Gespenst. Nichts konnte Kuyu von der Auffassung abbringen, es sei der Geist Felix Conrads gewesen. Tagelang wurde sie noch von Entsetzen geschüttelt, wenn sie nur daran dachte. Nach diesem Vorfall war kein Inuk mehr darauf erpicht, sich im Treppenhaus der Krankenstation aufzuhalten.

Phyllis Applewhite war als Krankenschwester Tag und Nacht im Einsatz, und der Lehrer an ihrer Seite kümmerte sich mit ihr um die gesundheitlichen Nöte der ihnen vertrauenden Menschen. Gleichzeitig versuchten die beiden, ihr persönliches Leben den Bedingungen des Nordens anzupassen und mit den Problemen des eigenen Alltags fertig zu werden.

Mehr so nebenbei bemühte sich Applewhite, seinem eigentlichen Auftrag gerecht zu werden und mit sechs bis acht Inuit-Kindern Schulunterricht aufzunehmen. Über Bücher und sonstige Lehrmittel verfügte er in ausreichender Weise. Manches ließ sich ja auch mit einfachen Hilfsmitteln bewerkstelligen. Doch mit dem Versuch, den Kindern Englisch beizubringen, hatte er nur wenig Erfolg. Sie erschienen ihm geradezu widerspenstig, wenn es galt, irgend etwas auf Englisch zu sagen oder sich englische Wörter anzueignen. Applewhite meint, er könne nicht sagen, seine Schüler seien ohne Interesse gewesen: Nein, sie sahen offenbar überhaupt keinen Grund dafür, Englisch zu lernen, und so konnte er auch keine Fortschritte erzielen. Am Ende beherrschte er selbst mehr Inuktitut als sie Englisch.

Als Lehrer interessierte sich Applewhite natürlich für die damals unter den Inuit praktizierten Erziehungsmethoden. Während die Qallunaat bei ihren Kindern Disziplin und Anstand durch handgreifliche Methoden, etwa das „Versohlen des Gesäßes", zu erreichen suchten, war und ist solches Vorgehen bei den Inuit nicht üblich. Allenfalls schimpften sie die Kinder aus, meist aber zogen sie Verstöße ins Lächerliche. Ausgelacht zu werden war ungefähr das Letzte, was junge Inuit sich wünschten, und so lernten sie rasch, wie sie sich zu verhalten hatten.

Leicht amüsiert berichtet Applewhite davon, wie er als Schullehrer unter anderem auch staatliche Verwaltungsaufgaben wahrnehmen mußte. Ihm kam es dabei lächerlich, wenn nicht gar entwürdigend vor, einem Jäger oder Trapper beim Einkaufen von Nahrungsmitteln und überhaupt bei seinen Geldausgaben auf die Finger sehen zu müssen: Die staatlichen Behörden im Süden legten besonderen Wert darauf, daß mit der zur Verfügung gestellten Sozialhilfe vor allem hochwertige Nahrungsmittel und Kinderbekleidung gekauft werden sollten, und sie bedachten keineswegs, daß ein Jäger nur dann auf die für seine Familie nach wie vor lebensnotwendige Jagd gehen konnte, wenn er selbst über die geeignete Ausrüstung verfügte, auch Jagdwaffen und Munition.

Eine wichtige Rolle spielte schon damals die drahtlose Kommunikation von Funkamateuren mit der Außenwelt. Der Manager des Hudson's Bay-Handelspostens verfügte zum Beispiel über ein 25 Watt starkes Sende- und Empfangsgerät, mit dem er bei entsprechenden atmosphärischen Bedingungen Verbindung mit der Station in Charlottetown auf Prince Edward Island (im Norden von Neuschottland) aufnehmen konnte. Zwischen dort und Pangnirtung, wo sich der nächste Arzt aufhielt, bestand eine bessere Verbindung; Charlottetown im Süden wurde so zur Relaisstation. Die Krankenschwester holte sich nicht selten auf diesem (Um-)Weg ärztlichen Rat zur Diagnose und Behandlung von Krankheiten, deren Symptome sie ihren Gesprächspartnern detailliert beschrieb.

Im Frühjahr 1952 brach auf dem südlichen Baffin Island zu allem Unglück noch eine schwere Masernepidemie aus. Auch gegen diese von außen eingeschleppte Infektionskrankheit hatte das Immunsystem der Inuit keinerlei Abwehrkräfte ausgebildet. Die Menschen bekamen hohes Fieber und ihre Haut färbte sich tiefrot, nahm das Aussehen von dunklem Samt an. Mancher Genesende stand zu früh auf, erlitt einen Rückfall und wurde schließlich von einer Lungenentzündung dahingerafft. Allein in Cape Dorset starben vierzehn Menschen an dieser Erkrankung – für die Applewhites, aber auch für den katholischen Missionar Pater Lemaire, die Mitarbeiter der Hudson's Bay Company und nicht zuletzt die gesund gebliebenen Inuit eine extreme Herausforderung, und sie engagierten sich Tag und Nacht in der Pflege der Kranken.

Seinerzeit stand Penicillin ganz neu zur Verfügung; es war im Abstand von 36 oder 72 Stunden zu injizieren. Die dazu benötigten Nadeln mußten wieder und wieder benutzt werden, und man hatte sie dementsprechend jedes Mal wieder zu reinigen und zu sterilisieren. Applewhite berichtet, wie er, der Schullehrer, von Fall zu Fall die richtige Größe der Injektionsnadel und die erforderliche Injektionsdosis herausfinden mußte. Und er meint, er sei sicher nicht der beste „Spritzengeber der Welt" gewesen, und mancher Inuk werde das gewiß bestätigen.

Als immer mehr Menschen erkrankten und nicht mehr in der Krankenstation betreut werden konnten, sahen die Applewhites schließlich keinen anderen Weg, als das Schulgebäude in ein Hospital umzuwandeln. In Hilfsflügen warf die kanadische Luftwaffe das benötigte Bettzeug ab, dazu Sonderrationen von Büchsenmilch, weil die Vorräte der Hudson's Bay Company vorzeitig zur Neige gingen. Während der Zeit der Epidemie lagen immer mehr als dreißig Masernpatienten

Cape Dorset: Modernes Gesundheitszentrum (1997)

in der Schule und mußten mit großen Mengen heißer, aus Trockengemüse bereiteter Suppe und natürlich mit Milch und Tee versorgt werden.

Kuyu, das „Mädchen für alles" der Krankenstation, erkrankte nun auch selbst und war dem Tode nahe. Drei, vier Tage lang lag sie mit hohem Fieber bewegungslos im Bett, und es gelang Applewhite weder durch kalte Bäder noch mit Hilfe von Medikamenten, ihre Temperatur zu senken. In seiner Not telefonierte Applewhite per Funk vom Hudson's Bay-Posten aus mit dem Arzt in Pangnirtung, um alle Rettungsmöglichkeiten auszuschöpfen. In diesem Augenblick kam Kuyus Ehemann in heller Aufregung angerannt: Kuyu stehe schreiend in ihrem Bett, und Applewhite solle doch um Gotteswillen rasch zu Hilfe kommen. Er fand die Patientin auf dem Bett sitzend, und sie glaubte, ihre letzte Stunde sei gekommen. So flehte sie ihn an, er möge doch all ihre Verwandten zum Abschied grüßen. Da gelangte er zur Überzeugung, Kuyu hatte die Krisis überwunden und würde genesen, und so war es auch.

Während die Applewhites ihre Arbeit in Cape Dorset verrichteten, trafen im Frühjahr 1951 James Houston – Saumik, der Linkshänder, wie die Inuit ihn bald nannten – und seine junge Frau Allie (Alma) in der Siedlung ein.

Houston hatte in Kanada und Frankreich Kunst studiert, hatte auch Kunsteinrichtungen in Japan besucht und war seit seiner ersten Berührung mit der Arktis, wie viele Menschen vor und nach ihm, von den Inuit und ihrem Land besessen (wir hatten das selbst auch erlebt und für uns dafür den Begriff „Virus-arcticum-Infektion" erfunden). Auf seinen früheren Reisen in die Arktis hatte er die künstlerischen Fähigkeiten erkannt, die in den Inuit schlummerten, und war nun als „Northern Service Officer" unterwegs, um den Camp-Bewohnern entlang der Baffin-Südküste seine Hilfe anzubieten.

Mehr als 450 Kilometer hatten die Houstons unter Führung erfahrener Inuit mit dem Hundeschlitten von Iqaluit (damals noch Frobisher Bay genannt) aus zurückgelegt. Es war ein langer und beschwerlicher Weg gewesen, der sie zunächst nach Kimmirut (Lake Harbour) und dann weiter nach Westen führte. Während ihrer Fahrt hatte sie der Mangel an Nahrung für Menschen und Schlittenhunde mit größter Besorgnis erfüllt. Die Hoffnung, sich im Camp Qarmaajuk neu mit Proviant zu versehen, hatte sich als ebenso trügerisch erwiesen wie die, nach dem Verbrauch aller Reserven in Pootoogooks Camp Ikirasaq versorgt zu werden – Pootoogook und seine Familie waren nicht da.

Die Houstons hatten dann die breite Andrew Gordon Bay überquert und waren zum Camp Itilliaqjuk gelangt, das damals ein Mann namens Saggiak leitete. Der sang, so wird erzählt, häufig schamanistische Lieder, obwohl er sich selbst nie als Angakkuq betätigte. Hier war James Houston auch zum ersten Mal Osuituq Ipilie begegnet, mit dem ihn seither eine feste Freundschaft verbindet, und über den wir an anderer Stelle mehr berichten werden. Auch bei den Bewohnern von Itilliaqjuk hatte Nahrungsmangel geherrscht, weil die Witterungsverhältnisse und der Zustand des Eises nahezu jeden Jagderfolg vereitelt hatten. Für die Reisenden hatte es daher nur Bannock zu essen gegeben, und die Hunde waren wiederum leer ausgegangen.

Im letzten Camp auf dieser Reise, Kiaqtuuq, hatte Houston noch Peter Pitseolak kennengelernt, der die Ankömmlinge mit der ihm eigenen Wärme begrüßte. Doch auch hier herrschte Fleischmangel, und ein weiteres Mal waren die Schlittenhunde ohne Futter geblieben. Mit letzter Kraft hatte die Reisegruppe danach schließlich Cape Dorset erreicht.[15]

In den folgenden zehn Jahren sollte Houston hier wesentliche Akzente setzen und damit die Entwicklung in Sikusiilaq grundlegend beeinflussen.

Im Hospital

Québec City:
Kenojuaks Lungenkrankheit –
Heimweh nach dem Norden

Im Sommer 1951 zog Johnniebo mit seiner Familie an die Amadjuaq Bay in das Camp Qarmaaqjuk. Es lag auf etwa halbem Wege zwischen den beiden Siedlungen Kimmirut (Lake Harbour) und Cape Dorset und bestand, wie sein Name andeutet, ursprünglich aus einer größeren Zahl von Qarmait (Erdsodenhütten). Eine Zeit lang hatte die Hudson's Bay Company von hier aus die weitere Umgebung betreut – vor allem das von den Inuit Akudnik genannte Salisbury Island, auf dem die Menschen nach Peter Pitseolaks Angaben häufig hungerten und auf Unterstützung durch die Company angewiesen waren. Der Handelsposten wurde jedoch schon ums Jahr 1934 wieder aufgegeben.

Das alte Holzhaus der ehemaligen Handelsniederlassung ist zwar verrottet, aber doch einigermaßen erhalten geblieben. Noch immer sollen darin Gespenster ihr Unwesen treiben. Auch unsere Dolmetscherin Jeannie Manning weiß davon aus eigener Erfahrung zu berichten: „Um das Jahr 1962 kam ich mit mehreren Familienangehörigen in unserem Peterhead-Boot zu dem verlassenen Handelsposten. Wir begleiteten Verwandte ein Stück des Weges, die mit ihrem Peterhead-Boot nach Kimmirut reisten, und wir wollten zusammen über Nacht hier bleiben. Einer der Männer versuchte, die Tür des alten Hauses zu öffnen, um ins Innere zu gelangen, doch er konnte es nicht. Er rief deshalb die anderen Männer zu Hilfe, aber sie brachten es auch gemeinsam nicht fertig, die Tür aufzustemmen. Schließlich haben sie aufgegeben. Als ich das von meinem Bruder hörte, bin ich hingegangen und habe die Tür ganz einfach aufgestoßen. Ich bin dann hineingegangen und die Treppe hinaufgestiegen; mir kleinem Kind, ich war damals etwa vierjährig, hatten die Gespenster keinen Widerstand geleistet."

In jenem Sommer 1951 hatte sich auch Kenojuak wieder einer Röntgenuntersuchung zu unterziehen. Einige Zeit danach kam eine Patrouille der Royal Canadian Mounted Police (RCMP) auf dem Weg von Kimmirut nach Cape Dorset in das Camp Qarmaaqjuk und benachrichtigte sie, man habe Tuberkulose bei ihr diagnostiziert. Zugleich wurde ihr bedeutet, sie müsse zu deren Behandlung bei der nächsten sich bietenden Gelegenheit ein Hospital im Süden aufsuchen, eine erschreckende Nachricht für die junge Frau.

Wenig später gebar Kenojuak ihr drittes Kind, einen Jungen, dem sie den Namen Qiqituk gab. Da der Klinikaufenthalt unmittelbar bevorstand, überlegten sie und Johnniebo, was mit dem Neugeborenen geschehen solle. Johnniebos Mutter war schon so betagt, daß ihr die Pflege des Säuglings eine zu große Last geworden wäre. So entschlossen sie sich, Qiqituk unmittelbar nach der Geburt Latchaolassie Akesuk und seiner Frau, Kenojuaks Kusine Saimaijuk, zur Adoption zu übergeben.

Unmittelbar nach Weihnachten kam die RCMP-Patrouille auf dem Rückweg nach Kimmirut (Lake Harbour) wieder durch das Camp. Ohne große Umstände wollten die Polizisten Kenojuak gleich mitnehmen, um sie zu einem nach Süden auslaufenden Schiff zu bringen. Johnniebo weilte jedoch gerade in Cape Dorset, um Nahrungsmittelvorräte einzuhandeln. So weigerte sie sich beharrlich, mit den Polizisten aufzubrechen: Sie wollte Johnniebo unbedingt noch einmal vor der Abreise sehen. Schließlich wurde festgelegt, Kenojuak solle mit einigen anderen Kranken vom Camp Qarmaaqjuk zunächst nach Cape Dorset reisen und von da aus den Transport in den Süden antreten.

Beim Abschied von Qarmaaqjuk gab Kenojuak ihre beiden Kinder Jamasie und Mary in die Obhut ihrer Schwiegermutter Kalluaqjuk. Dann brachen Kenojuak und drei weitere Tuberkulosekranke[16] mit dem Hundeschlitten zu ihrer weiten Reise auf.

Zunächst gelangten sie bis zum Camp Kallusiqbik an der Saqbak Bay –

jenem Camp, in dem Kenojuak und Johnniebo zu Beginn ihrer Ehe kurze Zeit verbracht hatten, ehe Peter Pitseolak sie nach Kiaqtuuq holte. Hier trafen sie auf Johnniebo, der sich auf dem Heimweg nach Qarmaaqjuk befand. Nur eine Nacht blieb ihnen, um Abschied zu nehmen, dann mußten sie sich trennen. Johnniebo wußte, wohin ihn sein Weg führte; Kenojuak aber sah einer ungewissen Zukunft entgegen. Sie fühlte sich allein gelassen und verängstigt. Und dennoch ahnte sie nicht, daß es dreieinhalb Jahre dauern sollte, bis Johnniebo sie wieder in die Arme schließen konnte.

Danach gelangten sie zum Camp Ikirasaq, wo Kenojuak fünfundzwanzig Jahre zuvor auf die Welt gekommen war. Auch hier blieben sie nur eine Nacht. Am nächsten Morgen schlossen sich ihnen weitere Kranke an – Ponitsaq und Josie, deren Mann Paulussie Pootoogook die Reisenden nun nach Cape Dorset zur Krankenstation begleitete, wo Uttuqi und Pauta Sailas erste Frau Matsauzaq auf den gemeinsamen Transport nach Süden warteten.

Wenige Tage darauf bestiegen sie ein Flugzeug, für Kenojuak und ihre Reisegefährten eine ganz neue Erfahrung, und flogen nach Iqaluit (Frobisher Bay) und weiter nach Goose Bay in Labrador. Im Hospital, wo sie übernachtete, begegnete Kenojuak Simonie Michael. Er kam gerade von einer Audienz bei der Königin aus England zurück und stand nun den Ankömmlingen als Dolmetscher zur Verfügung. Sie sprachen ja nur Inuktitut und verstanden kein Wort Englisch. Ihm gelang es mit beredten Worten, ihnen wenigstens einen Teil ihrer Angst zu nehmen.

Am nächsten Tag wurden sie nach Québec City geflogen und ins Hospital gebracht. Sie trafen dort auf schon länger hier weilende Patienten aus Cape Dorset – auf Ashevak Ezekiel, Salomonie Pootoogook, Mary Qaqjurajuk und auch eine Anzahl Kinder. Die waren überglücklich, die Neuankömmlinge zu sehen, und fragten begierig nach Neuigkeiten von Zuhause.

Salomonie hat die Heimat nicht mehr wieder gesehen. Er wurde nach einiger Zeit in das Sanatorium in Hamilton, Ontario, verlegt und ist dort seiner Krankheit erlegen.

Das Hospitalgebäude erstreckte sich über drei Stockwerke und verfügte über nach Männern, Frauen und Kindern getrennte Abteilungen, doch war es den Patienten erlaubt, sich gegenseitig zu besuchen, was sie sehr genossen. Kenojuak wurden dennoch die Tage lang und länger. Sie sah Patienten aus allen Regionen der östlichen Arktis zur Behandlung kommen, und manche blieben hier bis zum Tode. Eine Verbindung mit den Verwandten zu Hause bestand allenfalls durch gelegentlichen Briefwechsel, und manchmal überbrachten neu ankommende Patienten Nachrichten aus der fernen Heimat.

Als eines Tages auch ihr Stiefvater Nuvualia zur Behandlung eintraf, erfuhr Kenojuak von ihm, daß ihr Großvater Alariaq nach längerer Krankheit verstorben war. Besuch aus Cape Dorset erhielt sie kaum. Nur James und Alma Houston schauten gelegentlich bei ihr vorbei und erzählten von Zuhause. Noch kannten sie sich nicht allzu gut – Kenojuak war ja bald nach der Ankunft der beiden in Cape Dorset nach Québec City gebracht worden.

Viele der Patienten verbrachten Monate und Jahre in großer Entfernung von ihren Familien, und so bemühte sich die Klinikleitung, sie sinnvoll zu beschäftigen. Das war auch einer der Gründe, weshalb die Houstons immer wieder die Patienten besuchten und sie mit Material für künstlerisches Arbeiten versorgten. Auch Kenojuak erhielt, wie er berichtet, von James Houston Zeichenpapier, doch sind von ihr keine Arbeiten aus jenen Tagen erhalten, und sie selbst kann sich an all das nicht mehr erinnern. Allem Anschein nach hat sie sich seinerzeit noch nicht mit dem Zeichnen auseinandergesetzt.

Im Spätherbst 1953 – Kenojuak war nun schon eineinhalb Jahre in klinischer Behandlung – erhielt Salomonie Pootoogook einen Brief seiner Eltern mit einer für Kenojuak schrecklichen Mitteilung: Ihre beiden Kinder waren nicht mehr am Leben. Jamasie war im späten Frühjahr einer Trichinose erlegen, nachdem er von Trichinen befallenes Walroßfleisch gegessen hatte. Er blieb auch nicht das einzige Opfer. Gleichzeitig mit ihm starben noch andere Menschen im Camp, darunter drei Kinder von Tikituk und Lucy. Auch Johnniebo hatte sich infiziert, doch hatte er die schwere Krankheit überlebt. Im Spätsommer, als das jährlich vorbeikommende Versorgungsschiff die Gegend um Sikusiilaq schon wieder verlassen hatte, war dann die Tochter Mary erkrankt und im Gesundheitszentrum in Cape Dorset verstorben. Man hatte beide Kinder in der Nähe des Camps Kiaqtuuq begraben.

Eines Tages bekam Kenojuak von Johnniebo einen langen Brief, in dem er sie inständig bat, sich wegen des Verlustes der beiden Kinder nicht zu sehr zu grämen. Sie sollte vielmehr nur an ihre eigene Genesung denken, um so bald wie möglich wieder nach Cape Dorset heimkehren zu können. Kenojuak war dennoch dem Zusammenbruch nahe. Sie litt unsäglich unter diesen schmerzlichen Ereignissen und dachte ernstlich daran, für immer auf Kinder zu verzichten. Die Inuit im Hospital beteten für sie. Auch sie selbst bekennt uns gegenüber, nur das Beten habe sie aufrecht erhalten. „Als man mir beigebracht hatte, meine Kinder seien gestorben, hatte ich das Gefühl, völlig verlassen zu sein. Mein Mann und ich, wir hatten so viel durchzustehen, ohne in der Lage zu sein, uns gegenseitig zu trösten."

Während unserer Gespräche beeindruckt uns immer wieder, von welch tiefer Gläubigkeit Kenojuak geprägt ist. Was erwartet sie nach dem Tode? „Ich wünsche mir, in den Himmel zu kommen. Ich glaube, daß ich dort meinen Vater, meine Mutter, meinen Ehemann wiedersehen werde und mit allen, die ich liebe, zusammensein kann. Man weiß nicht, was die Zukunft bringt – Gott wird es wissen, aber ich hoffe, in den Himmel zu kommen."

Inuktitut-Syllabismen

ᐱᐅᕆᑐᓕᕙ ᐃᓂᒧ, ᓴᓯᓯᒧ ᑕᒪᐳ. ᑕᓂᒐ,ᓴᓯᓯᑉ ᐃᓄᓕᔭ, ᑯᕕᕆᓂᒧ ᐃᓂᐊᒍᔅᑐᑐ-ᐃᓕᓗᒍ...ᑎᒥᒥᓂ ᐸᒉᑕᔅᓯᓗᒍ,ᓇᒪᑎᓯᓂ-ᒧ ᐃᓇᒍᑎᓗᒍ...ᐱᐅᕆᓂᐃᔭᓂᑯ ᒪᑭᑎᓗᒍ...ᐃᓗᐊᔅᑲᑕᓗᒍ ᐱᒪᒍ ᐊᓯᒍᐅ ᑕᓂᒐ ᓴᓯᓯᑉ ᐃᓕᕆᓗᐊᐸ...ᑕᒉᓂ ᐃᑲᕙᑎᐊᓗᒍ...ᑯᕕ-ᐊᓇᑐᕕᒧ ᑐᒐᐅᓯᑯᕆᓗᒐ...ᓯᓇᐅᕙᓕ, ᐅᕙᒐ...ᐃᓚᓂ... ᑎᒥᒪ ᐃᓄᓯᐊ ᑲᒪᕆᔭᑐᐊᒐ...ᑐᑯᕕᒪ ᐅᒐᑕᓂ...ᐱᑲᑕᓂ ᓄᒍᓯᐃᑐᒥ ᒃ ᐃᓄᓯᑲᒐᔭᕆᑐᒐ;ᐅᒪᓇ ᑐᑭᑲᑐᐅᔭᑲᑕᒐᒪ...ᐃᓚᓂ,ᐅᐱᕆᑐᑐ ᐃᓕ-ᑯᓯᑲᓗᒐ...ᑯᔭᓇ-ᐊᑐᐃᓇᓗᒐᓗ...ᐃᓯᒪᓯᒍᐊᓗᒐᓗ ᐱᕙᑲᒪ ... ᑕᓂᒪ ᐃᓄᓯᐊ ᑯᔭᓇ-ᐊᒍᑎᔅᐅᕆᒪ;ᑕᓂᒐ ᓯᓗᑕᓂ ᐃᓕᒍᓯᓇᓂᔅᐅᒪ ᓯᓇᓗᑕᓂ ᓴᓯᓯᑉ ᐊᓂᕆᒪᒍ...ᐊᐅᒥᓄ ᐊᑭᓕᓚᐅᓗᒍ ᓇᒥᓂᕆᓇᓯᑲ-ᒥᐅ.

ᑎᒥᒐ...ᐊᓂᐊᓇᑐᒧᓗᕙ...ᑐᑯᓇᑐᒧᓗᕙ ᐱᔭᐅᑌᓕᓕᑯᓗᒍ.. ᐅᔭᑐᐸᑕᒐᓗᐊᒐ. ᑕᓂᒐᓗᑕᐅ ᑌᒪᓇᐃᓕᐅᒥᓚᒍ...ᐱᐅᕆᑐᓕᓂ ᒪᒥ-ᐊᓇᑐᐅᒪ...ᐱᐅᕆᑐᓕᓕᒐᒐᒪ...ᐱᐅᕆᑐᒧ ᐃᓚᕆᐅᑎᑲᒪ... ᐃᓚ ᑕᓂᒐ, ᓴᓯᓯᑉ ᐃᓕᕆᔭ,ᓯᑐᐃᓇᓂ ᐊᑭᑐᓂᔅᐅᐳ...ᐊᐅᒥᓄ ᐱᓯᐊ-ᕆᒪᒍ...ᐱᐅᕆᑐᓕᑎᓗᒐ, ᔅᑐᐃᒐᒪ ᑕᓂᒻᓂᒃ...ᑲᐱᐊᓇᑐᕕᐅ ᑉ ᐃᓄᐊᓄ ᐱᔭᐅᑯᓗᒍ,ᐱᕙᑎᑲᓗᒐ ᓴᓯᓯᑉ ᐃᓗᐊᕆᕆᑕᓂ ᐱᑯᕆᑕᓂ... ᓄᒍᐊᓚᕙᒥ...ᓯᓇᐅᕆᑐᒥ...ᐃᓯᒪᐃᑐᑐ-ᐃᓕᒐᒐᒪ ᑕᕙ.

Beispiel eines syllabischen Gebetbuchtextes in Inuktitut

Ihre Großmutter Quitsaq hatte das Christentum noch im Norden Québecs kennengelernt. Sie besaß ein Gebetbuch, das in Inuktitut mit syllabischen Symbolen gedruckt war; ein anglikanischer Missionar hatte es ihr überlassen.

Kenojuak begann schon jung, sich mit den Syllabismen zu beschäftigen und dabei das Gebetbuch zu lesen, das einzige Druckwerk in der Familie. Sie, die nie einen Schulunterricht besuchte, lernte auf diesem Wege das Lesen und Schreiben ihrer Muttersprache.[17]

In den Camps auf Baffin Island sah Kenojuak nur selten Missionare. An Bord der „Nascopie" jedoch war fast immer ein Priester mitgereist, um die Siedlungen aufzusuchen: Taufen wurden vollzogen; Paare, die sich auf traditionelle Weise verbunden hatten, wurden getraut; der Inhalt der Bibel wurde verständlich gemacht, so daß die Menschen dem Gottesdienst zu folgen vermochten.

Während sie sich gedanklich schon auf ihre Entlassung aus dem Hospital und die Heimkehr vorbereitete, erlitt Kenojuak einen bedrohlichen Rückfall. Wie man ihr später mitteilte, war sie an einer nicht-tuberkulösen Lungenentzündung erkrankt. Schwere Hustenanfälle und Blutspucken gaben Anlaß zu größter Sorge. Sie konnte sich nicht bewegen und hatte Mühe zu atmen. Schließlich verlegte man sie auf die „Station für hoffnungslose Fälle".

Als sie so bedrohlich krank darniederlag, hatte Kenojuak einen tiefen Traum. Sie sah ein riesiges Bauwerk mit vielen Eingängen. Darin hielten sich ihre Kinder mit anderen Kindern und Halbwüchsigen auf. Auch erkannte sie eines Freundes Schwester, die im Hospital verstorben war. In einem der Räume stand eine erregte Menschengruppe. Ihr Vater, in eine prächtige weiße Robe gehüllt, hatte sich hoch oben auf einer Leiter niedergelassen; über seinem Haupt war ein großes Akkordeon aufgehängt. Kenojuak mühte sich, ihn zu berühren. Er jedoch entzog sich ihr und gab ihr zu verstehen, sie könne nicht zu ihm gelangen, bevor ihre Mutter Silaqqi zu ihm gekommen sei. In diesem Augenblick hatte Kenojuak das Gefühl, als sei sie nahe daran, ihre Seele zu verlieren. Sie erwachte, und die Krise war überwunden. Kenojuak ist seither fest davon überzeugt, daß ihr Leben durch den Einfluß ihres Vaters gerettet wurde.

Es dauerte geraume Zeit, ehe sie sich wieder auf den Beinen halten und gehen konnte. Allmählich kam sie jedoch zu Kräften und durfte schließlich zu ihren Freunden auf die normale Station zurückkehren. Dort war inzwischen auch Peter Pitseolak eingetroffen; er mußte bis 1957 bleiben.

Vom Herbst 1954 an kam der Bildhauer Harold Pfeiffer fast täglich in das Hospital. Er war der Bruder von Kenojuaks Arzt Walter Pfeiffer und kümmerte sich um die Patienten, die sich künstlerisch oder kunsthandwerklich betätigten. Er half ihnen nicht nur, die Zeit ihres Aufenthalts sinnvoll auszufüllen, sondern auch, sich dabei etwas Taschengeld zu verdienen: Das Krankenhaus war nämlich bereit, den Verkauf der fertigen Gegenstände zu übernehmen. Harold Pfeiffer brachte seinen „Schülern" für sie neuartige Materialien mit und regte sie an, damit zu experimentieren. Wenn die Patienten nicht das Bett hüten mußten, beschäftigten sie sich nun mit Perlenstickerei, Näharbeiten, Lederbearbeitung und vor allem mit dem Schnitzen von Holz.

Kenojuak hat letzteres nie versucht, obwohl einige der Männer es ihr vormachten. Sie nahm jedoch gern an Pfeiffers Unterrichtsprogramm teil. Ihr Lehrer war von ihren aus Stoff- und Lederresten gefertigten Puppen überaus angetan: „Sie sind mit die besten und schönsten gewesen, die ich je gesehen habe", lautete sein Urteil. Die Figuren waren in traditionelle Kleider gehüllt. Sie trugen baumwollene weiße Parkas mit dekorativer Perlenstickerei und weiche lederne Kamit (Fellstiefel) und Handschuhe, alles mit feinsten Stichen zusammengenäht. Zum Ausschneiden der Parkas verwendete Kenojuak eine Schablone aus Karton. Nach Pfeiffers Bekunden war das Verwenden einer Schablone wie auch das Entwickeln von Schnittmustern Kenojuaks eigene Idee. Er hatte sie nur mit

Material versorgt und ihr die Arbeiten anderer Patienten und verschiedene Abbildungen in Zeitschriften gezeigt.

Im Mai 1955 trat eines Tages Harold Pfeiffers Bruder Walter, der betreuende Arzt, ins Zimmer und eröffnete ihr fröhlich, sie dürfe in den nächsten Wochen endlich nach Hause zurückkehren. Und noch eine Überraschung hatte er für Kenojuak bereit: Bevor sie sich Ende Juni auf der „C. D. Howe" einschifften, unternahm er selbst noch mit den Genesenen eine Sightseeing-Tour. Erstmals betrat Kenojuak einen Zoo und lernte die nähere Umgebung Québecs kennen. Auch besuchte sie die Grabstätte eines Sohnes von Tikituk und Lucy, der die Krankheit nicht überlebt hatte; er war das vierte Kind, das die beiden innerhalb kurzer Zeit verloren, drei Kinder waren ja an der Trichinose verstorben. Walter Pfeiffer tat noch ein Übriges: Er führte seine geheilten Patienten auch zu sich nach Hause und zeigte ihnen seine großartige Kunstsammlung. Kenojuak war von dem Ausflug tief beeindruckt. Uns erzählt sie, sie sei an diesem Tage erstmals moderner europäischer Kunst begegnet; zum Beispiel gefielen ihr Skulpturen von Henry Moore ganz besonders gut.

Harold Pfeiffer war mit auf der „C. D. Howe" und begleitete die Heimkehrer in den Norden. An Bord freundete sich Kenojuak mit Sarah Ikummiaq an, die als Dolmetscherin auf dem Schiff arbeitete. Die Überfahrt verlief sehr stürmisch, und viele Passagiere wurden von Seekrankheit geplagt. Doch als die Inuit das erste Treibeis sahen, da waren alle Unbilden der Reise vergessen. Sie fühlten sich wie verjüngt, denn ihre Heimat begrüßte sie. Bei schwerem Seegang erreichte das Schiff Kimmirut (Lake Harbour), den ersten Landungsplatz. Kenojuak war davon überwältigt, die vertraute Küste von Baffin Island wieder zu sehen. Sie ließ sich ans Ufer übersetzen und erblickte ihre Mutter unter den Wartenden: Silaqqi hatte die Nachricht, Kenojuak komme endlich mit dem

Schiff wieder heim, nicht ruhen lassen. Mit ihrem Sohn Adamie war sie nach Kimmirut geeilt, um die Tochter nach Cape Dorset zu begleiten.

Kenojuak aber hatte zuerst eine traurige Pflicht zu erfüllen: Sie übergab ihrer Mutter die persönlichen Dinge von Nuvualia, deren drittem Ehemann, denn ihn hatte die tückische Tuberkulose im Hospital dahingerafft. Dann aber machte sie sich über das von ihren Verwandten mitgebrachte, lange entbehrte Robbenfleisch her, bis sie ihren Heißhunger gestillt hatte.

Als die „C. D. Howe" schließlich in Cape Dorset landete, wartete Johnniebo unter der Menge am Ufer auf sie. Da wurde Kenojuak bewußt, wie sehr sie ihre Kinder in diesem Augenblick der glücklichen Heimkehr vermißte. Die beiden blieben noch ein paar Tage in Cape Dorset; Johnniebo half beim Entladen des Schiffes. Dann brachen sie zusammen mit Tikituk und Lucy zum Camp Kangiaq auf, wo nun fast all ihre Verwandten lebten.

WIEDER IN CAMPS

Kangiaq und Kiaqtuuq: Künstlerisches Arbeiten

Das Camp Kangiaq lag inmitten eines (jedenfalls seinerzeit) reichen Jagdgebietes. Als Kenojuak eintraf, stand die Fangsaison für Füchse unmittelbar bevor, und Johnniebo, Tikituk und Niviaqsi machten sich daran, die Fallen vorzubereiten. Gegenüber den Vorjahren hatte sich die Situation allerdings gründlich verändert: Der Wert von Fuchsfellen war tief gesunken, und der erzielbare Preis lag in diesem Herbst 1955 weit unter dem in früherer Zeit gezahlten. So erbrachte das Fallenstellen nur noch unzureichende Einkünfte, und die Leute im Camp machten sich Sorgen darüber, was sie im Winter erwartete. So sehr sie sich auf das Fischen gefreut hatte, für Kenojuak war nun viel wichtiger, all das wieder zu beherrschen, was sie während ihres Klinikaufenthalts mehr oder weniger verlernt hatte – die tägliche Routine und die notwendige Fingerfertigkeit im Camp, vor allem das Verarbeiten von Tierfellen. Taukies Frau Elisapie half ihr dabei.

Zu Zeiten, als sie noch bei ihrer Großmutter lebte, gehörte es zu den typischen Aufgaben einer Frau, Bekleidung auf traditionelle Weise aus Tierhäuten und Pelzen herzustellen. Kenojuak hatte es hierin zu hoher Kunstfertigkeit gebracht. Bereits als junges Mädchen war sie von den Frauen im Camp auf ihre kunstreichen Kamit (Fellstiefel) angesprochen worden. Allerdings machte sie solche Arbeiten nur für sich und ihre Familie; Lederwaren für andere herzustellen hatte sie dagegen stets abgelehnt.

Um Farbdifferenzierungen zu erhalten, wurden die Tierhäute unterschiedlichen Gerbprozessen unterworfen. Durch Abschaben oder Schneiden der Fellhaare gelang es, die gewünschte Wirkung noch hervorzuheben. Bei Robbenfellen entstanden Schatten- und Farbeffekte dadurch, daß das Haar unterschiedlich kurz geschoren wurde. Auch nähte man ausgeschnittene Lederteile auf das eigentliche Kleidungsstück oder fügte sie in Aussparungen ein. Auf gleiche Weise wurden Wandbehänge und Felltaschen verziert.

Mit den Walfängern, Forschern und Missionaren waren spätestens seit der Jahrhundertwende Wolle und Baumwolle in die Arktis gelangt und deshalb auch in Quitsaqs Camp bekannt. Als dann die Hudson's Bay Company ihre Handelsposten einrichtete, versetzte das die Inuit-Frauen in die Lage, alle möglichen Nähwaren zu erwerben. Es dauerte nicht lange, dann waren auf den Handarbeiten reiche Verzierungen mit bunten Wollfäden und Glasperlen zu finden; das Stickereimaterial aus dem Süden hatte die Phantasie angeregt.

Kleidungsstücke der Inuit waren bei Besuchern der Arktis sehr beliebt, und sie fanden rasch Abnehmer. Sie wurden nicht nur hier im Norden ihrem Zweck entsprechend getragen: Ihre Besitzer brachten sie vor allem auch als Souvenirs mit in den Süden und sorgten so für das Bekanntwerden der Inuit-Kultur. Im Verlauf der Jahre, in denen sich das Transportwesen in die arktischen Gebiete ständig verbesserte, wuchs auch das Interesse des breiten Handels an Inuit-Handarbeiten, vor allem an Kamit (Fellstiefeln), Handschuhen und Amautit (Frauen-Parkas). Auch Tragetaschen und Wandbehänge aus Robbenhaut und kunstvolle Puppen aus verschiedensten Materialien wurden von den Frauen für den Verkauf hergestellt und mit Glasperlenstickerei oder traditionellen Designs geschmückt.

In der Siedlung Cape Dorset kümmerte sich James Houston bald nach seiner Ankunft zu Beginn der fünfziger Jahre darum, den Männern Aufgaben zu stellen, die ihnen wenigstens einen gewissen Grad von wirtschaftlicher Unabhängigkeit gewähren sollten. Unter seiner Anleitung befaßten sie sich mit künstlerischer Arbeit am Stein und in der Folgezeit auch mit dem Vorbereiten und Drucken von Kunstgrafik. Houstons Frau Alma, von den Inuit Arnakotak genannt, die „hoch gewachsene Lady", nahm sich der Projekte der weiblichen Siedlungsbewohner an.

Sie setzte mit viel Geduld, Energie und Enthusiasmus ihre Geschicklichkeit und ihre Kenntnisse dazu ein, daß auch die Frauen durch den Verkauf kunsthandwerklicher Gegenstände zum Unterhalt der Familien beitragen konnten.

Ansatzpunkt für das Bemühen der Houstons war, daß die Inuit über eine lange Tradition in der Kunst des Steinbearbeitens und des Verzierens von Gebrauchsgegenständen auch anderer Materialien verfügten. Was lag daher näher, als diese tradierten Fähigkeiten zur Verbesserung der wirtschaftlichen Lage einzusetzen? In Cape Dorset entwickelte sich auf diese Weise ein hervorragendes Kunstzentrum für Steinskulpturen und Druckgrafik. Den Vertrieb übernahm anfangs die Hudson's Bay Company, die einzige Handelsgesellschaft am Ort, ehe sie von einer den Inuit selbst gehörenden Vertriebsorganisation abgelöst wurde. Doch bis dahin führte noch ein langer und mühevoller Weg.

Die Situation in Cape Dorset glich anfangs durchaus der im arktischen Teil der Provinz Québec. Dort schnitzten allein die Männer Skulpturen aus Stein und wurden dabei allenfalls gelegentlich beim Polieren der Oberfläche von Kindern und Frauen unterstützt. Die Frauen trugen dagegen mit Näharbeiten und dem Flechten von Körben zur Einkommensverbesserung bei. Lange sollte das jedoch nicht so bleiben; dann wandten sich auch die Frauen der Kunst des Steinschnitzens zu (die Männer allerdings fingen nicht zu nähen an).

Anfangs der fünfziger Jahre waren die für den allgemeinen Verkauf bestimmten kunsthandwerklichen Objekte hinsichtlich ihrer Art und der Herstellungstechnik noch ganz traditionsgebunden. Das sollte sich in der zweiten Hälfte des Jahrzehnts ändern. Das Projekt zur Herstellung von spezieller „Inuit-Druckgrafik" war von ganz neuen Elementen bestimmt und fing im frühen Winter 1957 in Cape Dorset an. James Houston beschreibt diese Phase sehr ausführlich.[18]

Zeichnungen auf Papier, die in der Folgezeit als Grundlage für Steinschnitte und Radierungen dienten, fanden zwar bei den ersten Drucken auch schon Anwendung. In erster Linie boten sich jedoch die kontrastreichen und eindrucksvollen Dekorationen handgearbeiteter Karibu- und Robbenfelltaschen und die traditionellen Schmuckzeichnungen auf Elfenbeingegenständen für das Umsetzen in Grafiken an.

Qiatsuq und Kenojuaks Onkel Niviaqsi hatten schon lange vor Houstons Ankunft gezeichnet. Möglicherweise waren sie von Forschern, die sich zuvor in der Gegend von Cape Dorset aufgehalten hatten, zum Zeichnen angeregt worden, etwa von dem Wissenschaftler und Maler J. Dewey Soper. Jedenfalls war es in der ersten Hälfte des Jahrhunderts nicht ungewöhnlich, daß Besucher die Inuit nach Zeichnungen fragten, und Inuit-Kenner wie Robert Flaherty und Knud Rasmussen haben ja auch exzellente Arbeiten gesammelt.

Houston war nach seinen Worten von den Zeichnungen Qiatsuqs und Niviaqsis sehr angetan, und er legte ihnen eigene Skizzenblätter vor. Damals zeigte sich auch schon ein Mann, der bald unter den Inuit-Künstlern einen bedeutenden Rang einnehmen sollte, an der Kunstentwicklung außerordentlich interessiert – Osuituq Ipilie. Ihm war Houston vor Jahren erstmals im Camp Itilliaqjuk begegnet, und die beiden saßen oft zusammen. Über den weiteren Verlauf führt Houston aus: „Osuituq saß eines Abends in meiner Nähe und schaute sich zufällig den Matrosenkopf an, der auf zwei identischen Zigarettenpackungen [von ‚Player's Navy Cut‘] als Markenzeichen zu sehen war. Er studierte sorgfältig jedes winzige Detail von Farbe und Form, dann stellte er fest, es müsse für den betreffenden Künstler eigentlich recht ermüdend gewesen sein, sich hinzusetzen und jeden einzelnen der kleinen Köpfe mit absoluter Gleichheit auf die Packungen zu pinseln.

Osuituq Ipilie (1997) ▸

Ich versuchte auf Inuktitut so gut ich konnte zu erklären, wie bei ‚zivilisierten‘ Menschen der technische Fortschritt auf dem Gebiet des Bedruckens kleiner Pakkungen verlaufen war, was den ganzen Offset-Farben-Druckprozeß beinhaltete. Meine Erklärung konnte keineswegs erfolgreich sein, nicht zuletzt, weil ich mich außerstande sah, die richtigen Wörter zur Beschreibung technischer Ausdrücke wie ‚Intaglio‘ und ‚Farbregister‘ zu finden. Auch fragte ich mich, ob entsprechende Bezeichnungen in Inuktitut irgendwelchen praktischen Sinn machten.

Als ich mich umsah, ob ich einen Weg finden könnte, ihm das Drucken zu demonstrieren, da entdeckte ich den elfenbeinernen Stoßzahn eines Walrosses, in den Osuituq gerade Zeichnungen eingravierte. Der gekrümmte Stoßzahn war etwa 15 Zoll (ca. 40 cm) lang. Osuituq hatte ihn sorgfältig geglättet und poliert und auf beiden Seiten deutliche Gravuren eingeschnitten. In die Linien dieser Gravuren hatte er schwarzen Ruß gerieben, den er sich aus der Robbenöl-Lampe seiner Familie genommen hatte.

Ich nahm eine alte Büchse mit Schreibtinte, die viele Male gefroren und wieder aufgetaut war, tunkte den schwarzen Rückstand mit dem Finger auf und verteilte ihn dünn auf dem Stoßzahn. Dann legte ich ein Blatt Toilettenpapier auf die mit Tinte versehene Oberfläche, strich leicht darüber und zog dann rasch das Papier wieder ab. Ich sah, daß ich glücklicherweise ein ziemlich gutes Negativbild von Osuituqs eingeritzter Zeichnung erhalten hatte. ‚Das könnten wir machen‘, sagte er mit der raschen Entscheidungsfähigkeit eines Jägers. Und so taten wir es denn auch.“

Wohl gab es bei den Inuit bildhafte Darstellungen; sie fußten auf uralten Traditionen und Mythen. Auch verfügen sie allgemein über eine außergewöhnliche Geschicklichkeit der Hände und ausgeprägten Sinn für technische Zusammenhänge und Möglichkeiten. Die Technik des Druckens jedoch war ihnen nicht bekannt. Houston gelang es, vier junge Männer – Kananginak, Igyvadluk, Iyola und Lukta – für das Druckprojekt zu interessieren, und sie begannen lange Versuchsreihen mit Steindrucken, auch unter Verwendung von Schablonen.

Unter anderem dienten in Stein eingeritzte flache Tiefreliefs als Druckstöcke, wobei sich recht unterschiedliche Erfolge einstellten. Houston berichtet darüber: „Druckertusche stand nicht zur Verfügung; also versuchten wir, Tusche aus Robbenöl und Lampenruß herzustellen. Es war fürchterlich. Wir versuchten es mit Malfarben von Schulkindern und hatten mehr Glück. Da ich die Post offiziell nur einmal im Jahr zu bearbeiten hatte, nämlich zur Schiffszeit [seinerzeit wurde Post üblicherweise nur mit dem Schiff befördert], war Korrespondenz mit der Regierung nicht gerade ein besonderes Merkmal meines Alltags. Und so lieh ich mir fast alles aus, was eigentlich dem Behördenapparat dienen sollte, wenn es mir nur zum Erproben von Drucken geeignet schien."

Bald erkannten sie, daß Serpentinit am ehesten zum Arbeiten mit Tusche in Frage kam. Dieser wegen seiner serpentinartigen grünen Farbe so bezeichnete Stein kommt auf dem westlichen Baffin Island reichlich vor. Seinerzeit wurde er vor allem an der Markham Bay gewonnen, 300 Kilometer östlich von Cape Dorset; heute stammt er überwiegend vom näher gelegenen Korok Inlet. Er ist feinkörnig, verhältnismäßig weich, doch nicht zu porös und daher so gut wie der beste Marmor für das Meißeln und Schnitzen geeignet; andererseits ist er hart genug für feines Polieren. Schon in früheren Zeiten hatten die Inuit diesen Stein während des Sommers aus dem Steinbruch geholt, um ihn als Material für Qullit (steinerne Öllampen) und Steintöpfe zu verwenden. Dabei kam ihnen zugute, daß der Stein sich in großen, flachen, faustdicken Platten von der Felsoberfläche abspaltete und daher nicht erst herausgebrochen werden mußte.[19]

Für umfangreiche Skulpturen waren diese Platten weniger geeignet, dafür um so mehr als Druckstöcke. Hierzu mußte die Oberfläche nur gut geglättet und poliert werden, und darauf ließen sich Tiefreliefzeichnungen einschneiden, die

Grundlage für den Druck. Die Methode des Übertragens war ziemlich einfach. Die geglättete und polierte Steinoberfläche wurde mit weißer Latexfarbe überzogen. Dann pauste man die zum Drucken vorgesehene Zeichnung auf ein Blatt Papier. Die so gewonnene Kopie wurde nun mit Hilfe von Kohlepapier umgekehrt auf die weiße Steinoberfläche übertragen und das daraus resultierende Bild mit Tusche nachgezeichnet. Der Steinschneider grub nun entlang der aufgezeichneten Linien in die Steinplatte; dadurch entstand das Tiefrelief. Die Oberfläche war zum Betuschen fertig. Nun trug man mit Hilfe eines Tuscherollers schwarze Tusche oder Farben entsprechend der Originalzeichnung auf die stehen gebliebenen, erhabenen Stellen auf. Nach dem Einfärben der Steinplatte legte man einen geeigneten Bogen Grafikpapier auf und deckte als Schutz einen zweiten Bogen Papier, meist Seidenpapier, darüber. Schließlich wurden beide Papierbögen durch Reiben mit der Hand oder einem Robbenfell-Ballen auf die eingefärbte Platte gepreßt. Das genügte, um das Bild zu übertragen. Vorsichtig wurden danach erst das schützende Seidenpapier und dann der bedruckte Bogen abgezogen und letzterer zum Trocknen aufgehängt.

Von entscheidender Bedeutung war, daß das Druckprojekt bei den Inuit überhaupt Anklang fand. James Houston suchte dazu die Unterstützung der beiden wichtigsten Elders von Sikusiilaq – Pootoogook und Qiatsuq: „Ich habe mir ein Herz gefaßt und ging zu Pootoogook mit der Bitte, mir ein Bild von einem Objekt zu zeichnen, das er mir zu schildern versucht hatte. Er tat es und sandte mir das Ergebnis am anderen Morgen. Ich bat dann seinen Sohn Kananginak, beim Drucken einer Zeichnung zweier Karibus, die sein Vater entworfen hatte, mitzuwirken. Kananginak tat das mit Freude, und Igyvadluk und andere Verwandte halfen ihm dabei. Pootoogook brachte seine große Bewunderung für das Resultat zum Ausdruck, und von da an war das ganze Druckprojekt mit Steinblöcken und Schablonen bereit für einen kraftvollen Start."

In jenen frühen Tagen gab es aber noch manch andere Probleme zu lösen. Allerdings waren diese Probleme nicht künstlerischer, sondern in erster Linie technischer Art. So mußte ein kleines, heizbares Gebäude ausfindig gemacht werden, um darin zu arbeiten und aus den Steinblöcken limitierte Auflagen von Grafiken herzustellen. Auch schien es zunächst unmöglich, weißes Papier sauber zu halten; Fingerspuren waren überall zu finden. Über Nacht stockte die Tusche vor Kälte, und morgens war es daher kaum möglich, sie gleichmäßig aufzutragen. „Aber das alles war unwichtig, denn wir verfügten immer über die Geschicklichkeit, Geduld und guten Charaktereigenschaften der Inuit, um uns durchzukämpfen."

An Johnniebo und Kenojuak lief diese Entwicklung zunächst vorbei. Sie lebten in ihrem Camp Kangiaq und reisten zur Weihnachtszeit 1956 nach Cape Dorset. Die Feierlichkeiten zu diesem Kirchenfest nahmen hier schon seit langem einen hohen Rang ein (und das gilt noch heute). Als sie ihre Fahrt in Peter Pitseolaks Camp Kiaqtuuq unterbrachen, erfuhren sie, daß die Bewohner seit längerer Zeit nur geringen Erfolg beim Jagen hatten und darunter sehr litten. Vor allem fehlte es ihnen an Robbenöl, das sie zum Heizen und Kochen mit dem Qulliq benötigten (noch waren ja die heute überall verwendeten Coleman-Kocher nicht verfügbar). Die Lebensbedingungen hatten sich derart verschlechtert, daß ihnen Aggeak Petaulassie und seine Frau Sheorak die Adoption ihres gerade einen Monat alten Jungen ans Herz legten. Er sollte nicht in einem ungeheizten, kalten und feuchten Qarmaq aufwachsen. Kenojuak ihrerseits war darüber sehr glücklich, hatte sie sich doch schon sehnlichst wieder ein Kind gewünscht. Sie gab ihm den Namen Arnaguq und konnte es kaum erwarten, das Baby auf der Rückreise zu ihrem Camp Kangiaq mitzunehmen.

Bei den Festveranstaltungen in Kinngait (Cape Dorset) trafen sie Freunde und Verwandte. Wie üblich wurden Geschicklichkeitsspiele, Hundeschlittenrennen und andere Wettkämpfe abgehalten. Abends bewunderte man im Schulhaus die Trommeltänzer und hörte dem Throat Singing zu – einer Art Gesangswettstreit: Von mindestens zwei Personen (überwiegend Frauen) werden dabei fast aphonisch kehlige Laute in verschiedenen Höhen und unterschiedlichen Rhythmen solange hervorgebracht, bis eine vor Lachen aufgibt.

Auch tanzten die Festbesucher viel und gern, vor allem den von Walfängern überlieferten Square Dance, wobei Aggeok, Peter Pitseolaks Frau, mit dem Akkordeon aufspielte. Pootoogook und Kingwatsiak, der für einen Inuk weit herumgekommen war und nun in der Siedlung eine führende Rolle spielte, hielten den Festgottesdienst ab.

Auf dem Rückweg mußte sich Kenojuak im Camp Kiaqtuuq einen warmen Amautiq aus Robbenfell ausleihen, um ihren kleinen Adoptivsohn Arnaguq mitnehmen zu können; diese nach wie vor übliche Frauenoberbekleidung besitzt eine Kapuze mit einer taschenartigen Aussackung, die zum Tragen der kleinen Kinder dient. Auf der Weiterreise nach Kangiaq legten sie eine Unterbrechung im Camp Itilliaqjuk ein, wo sie in Latchaolassie Akesuks Qarmaq unterkamen. Sein kleiner Sohn Qiqituk, von Kenojuak unmittelbar vor ihrem Hospitalaufenthalt geboren und ihm zur Adoption gegeben, war während jener Masernepidemie ums Leben gekommen, über die „Bill" Applewhite berichtet. So waren alle drei Kinder, die Kenojuak bis dahin geboren hatte, nicht mehr am Leben.

Als Arnaguq etwa ein Jahr alt war, starb Johnniebos Mutter Kalluaqjuk nach einem schwierigen, doch erfüllten Leben voller Spannung an Altersschwäche; wie die Leute erzählen, wurde sie über achtzig Jahre alt – für Inuit ein hohes Alter. Ihr Qulliq, das sie seit der Geburt ihrer Tochter Aggeok benutzte und überall hin mit sich führte, hat sie Kenojuak hinterlassen.

Zwei Jahre brachten Johnniebo und Kenojuak im Camp Kangiaq zu, dann kam Peter Pitseolak nach dreijährigem Klinikaufenthalt aus dem Süden zurück und forderte die beiden erneut auf, bei ihm in seinem Camp Kiaqtuuq zu wohnen. In jenem Herbst 1957, das Land begann schon zu überfrieren, gebar Kenojuak ihr viertes Kind, einen Jungen, nach Johnniebos Mutter Kalluaqjuk genannt. Arnaguq war damals noch zu klein zum Laufen und seine Mutter vollauf mit ihm beschäftigt. Peter Pitseolak, Johnniebo und Kenojuak kamen daher überein, das Neugeborene Abraham Etungat und seiner Frau Ityguyakjuaq zur Adoption zu geben. Bis Etungat eintraf, um das Kind zu übernehmen, sorgte Kenojuak für den Kleinen und stillte ihn auch. Als sie ihn dann weggeben mußte, brach ihr schier das Herz; doch blieb ihr keine andere Wahl. Nur wenige Monate später ist der kleine Kalluaqjuk verstorben.

Johnniebo und Kenojuak kamen nun öfter nach Cape Dorset, um Waren für den Alltag einzuhandeln; ihr neuerliches Camp Kiaqtuuq war ja nicht allzu weit entfernt. Auch begannen sich die beiden für die Arbeitsprogramme der Houstons zu interessieren und beteiligten sich daran. Als wir mit Kenojuak über diese Zeit sprechen, erzählt sie uns, sie habe mit künstlerischer Arbeit, etwa dem Ausschneiden von Robbenhaut, schon lange vor jener Zeit begonnen, in der James und Alma Houston in Cape Dorset weilten. Eine berühmt gewordene und inzwischen leider nicht mehr auffindbare Schultertasche etwa, die schließlich die Grundlage für Kenojuaks erste, 1958 entstandene Druckgrafik „Rabbit Eating Seaweed" (Seetang fressender Eishase) bildete, ist wohl schon um 1950 entstanden. Doch jetzt, unter Anleitung der Houstons, beschäftigte sich Kenojuak intensiver mit derartigen Arbeiten. Sie unternahm sogar erste Versuche, Steinskulpturen zu schnitzen. Vor allem begann sie jedoch damit, kunstvolle Robbenhautapplikationen anzufertigen, für die Arnakotak ihr Geld gab. Außer mit dem Herstellen von Kamit (Robbenfell-Stiefeln), Wandbehängen aus Robbenhaut und Taschen mit Ausschnittverzierungen befaßte sie sich neuerdings mit Perlenstickerei. Alma berichtet von wunderschönen perlenverzierten Slipperoberteilen, die sie gestaltet habe.

Wie andere Waren, die aus dem Süden kamen, standen auch die kleinen Glasperlen nicht immer in ausreichender Menge zur Verfügung. Im Winter 1957/58 waren die Arbeitsmaterialien für die Frauen ausgegangen. Deshalb regte Alma (wie sie berichtet) an, Kenojuak solle es doch einmal mit Zeichnen probieren.

Nach Almas Angaben zögerte Kenojuak zunächst: Sie könne nicht zeichnen, und überhaupt sei das eigentlich Männersache; dann aber nahm sie doch die ihr angebotenen Büropapierbogen mit. Als Kenojuak das nächste Mal wieder ins Haus der Houstons kam, wo ein Raum als Nähzentrum diente, brachte sie die Papierbogen zurück. Sie waren gefüllt mit reizenden, untereinander verbundenen Bleistiftskizzen (in der Art von Kompositionen, wie sie bei den Drucken von Kenojuaks Zeichnungen 1960 zu sehen sind). Alma rannte ganz aufgeregt in die Druckerei, um sie ihrem Mann zu zeigen.[20]

James Houston und auch Kenojuak selbst stellen die Geschichte allerdings anders dar: Demnach war es James Houston, der Kenojuak eines Tages, als sie wieder einmal Handarbeiten ablieferte, aufforderte, es doch auch mit dem Zeichnen zu versuchen. Er gab ihr ein paar Bogen Papier und Zeichenstifte in einer Plastiktüte, die sie mit ins Camp Kiaqtuuq nehmen sollte. Sie zögerte, da sie keine Vorstellung davon hatte, was sie zeichnen sollte. Daraufhin legte er ihr nahe, einfach alles zu skizzieren, was ihr in den Sinn kam. Seinem Drängen mochte Kenojuak nicht widerstehen. Das geschah um die Zeit von Adamies Geburt (1959), und Kenojuak bejaht (wenn auch ein wenig zögernd) unsere Frage, ob sie wohl die erste Frau in Cape Dorset gewesen sei, die mit dem Zeichnen begonnen hat – was im übrigen auch in den Schriften Houstons bestätigt wird.

Die erste Bleistiftzeichnung, die sie im Camp zu Papier brachte, zerriß sie. Die nächsten Versuche aber zeigte sie James Houston, als sie wieder nach Cape Dorset kam. Von dem Lob, das er diesen ersten Versuchen zollte, fühlte sie sich ermutigt, und sie entschied sich dafür, diese Tätigkeit fortzusetzen.

Im Katalog „Cape Dorset Annual Graphics Collection '79" führt Kenojuak wörtlich aus: „Ich denke, Saumik [James Houston] bat mich deshalb, mit dem Zeichnen anzufangen, weil ich gern Menschen und Iglus und ähnliche Dinge aus Robbenleder anfertigte. Ich vermute, das war 's, was ihn auf die Idee brachte, ich könne zeichnen. (...) Zunächst gab mir Saumik ein Stück Papier und forderte mich auf zu zeichnen. Ich fragte ihn, was ich denn zeichnen sollte. Und er sagte mir, was mir eben gerade in den Sinn komme – es könne alles sein. Eine Zeitlang wußte ich nicht, was ich darstellen sollte." Bereits im Katalog von 1977 hatte sie zur Angst vor dem leeren Blatt Papier dargelegt: „Ich hatte Angst davor, die ersten Zeichnungen anzufertigen, weil sich keine rechte Idee einstellte. Es ist oft schwer zu zeichnen, und es ist besonders schwer, während ich darüber nachdenken muß." Kenojuak ist mit solchen Schwierigkeiten nicht allein. Pitseolak Ashoona äußert sich ganz ähnlich: „Nimmt das Planen beim Zeichnen einen sehr in Anspruch? Ahalona! Das Denken nimmt einen sehr in Anspruch, und ich meine, es ist schwer zu denken. Es ist so schwer wie Hausarbeit."[21]

Als Kenojuak mit dem Zeichnen begann, waren bei den Versuchen, Skizzen und Zeichnungen der Inuit in Drucke umzusetzen, schon erste Erfolge abzusehen. Allerdings stand die Suche nach geeigneten Motiven noch im Vordergrund. Kenojuaks erste Druckgrafik basierte nicht auf einer Zeichnung, sondern auf einem Silhouettenschnitt, den sie als Applikation für eine Robbenfelltasche gefertigt hatte. „Rabbit Eating Seaweed" war z.B. 1958 so entstanden (vgl. auch S. 260). In seinen „Confessions of an Igloo Dweller"[22] erzählt Houston hierüber, eines Sommerabends sei ein altes Fallenstellerboot bei Ebbe auf den schlüpfrigen, mit langen Tangwedeln bedeckten Felsbrocken am Strand von Cape Dorset gelandet. Er beobachtete, wie Kenojuak mit einem Kind im Amautiq ausstieg und mehreren anderen Kindern heraushalf. Während sie zum Strand ging, verankerte Johnniebo das Boot.

Houston folgte Kenojuak am Strand. Nichts war ihr anzusehen von all den Strapazen der zurückliegenden Jahre. Vor ihm schritt eine heitere, bemerkenswert jung gebliebene Frau. Er holte sie ein, und sie begrüßten sich. Da bemerkte er die Robbenfelltasche, die ihr über die Schulter hing. Sie war den üblichen Inuit-Taschen nicht unähnlich, und doch bemerkte Houston sofort einen Unterschied. Er bat darum, die Tasche näher ansehen zu dürfen. Ein dunkles, aus geschabtem Robbenfell sorgsam ausgeschnittenes Bild war mit Sehnenfäden auf die Tasche genäht, die ihrerseits aus gewendetem, durch Gerben leicht gefärbtem Robbenleder bestand. „Was ist das?" fragte Houston. „Ein Eishase, der an das Fressen von Tang denkt", lautete die Antwort der jungen Frau.

Zu dieser Zeit war das Druckprojekt schon gut vorangekommen. Im Dezember 1958 wurde der erste Satz von Drucken, entstanden 1957 und 1958, durch die Hudson's Bay Company in Winnipeg in den Handel gebracht. Der Drucksatz war leider nicht katalogisiert und kaum dokumentiert. Frauen, daran besteht allerdings kein Zweifel, waren noch nicht an der Kollektion beteiligt.

Im Jahr 1959 entstand in Cape Dorset als Konkurrenzunternehmen zu der allbeherrschenden Hudson's Bay Company eine den Inuit selbst gehörende funktionstüchtige Organisation, eine Genossenschaft, die den Inuit wesentlich bessere Lebensverhältnisse verhieß, und an der sich jeder beteiligen konnte – die „West Baffin Eskimo Co-operative". Nun verfügten die Inuit über einen selbst betriebenen Supermarkt. Von viel größerer Bedeutung war jedoch, daß sich unter der Beratung durch James Houston gleichzeitig eine Künstlergenossenschaft entwickelte: Sanaunguabik, der „Platz, wo die Dinge gemacht werden", nahm seine Funktion auf, und bald wurden die ersten Umsätze mit Skulpturen, Zeichnungen und Druckgrafik getätigt. Als Bezahlung für die Arbeiten, die sie bei ihrer Kooperative ablieferten, erhielten die Mitglieder Papierbons, die sie bei ihren Einkäufen im Co-op-Supermarkt einlösen konnten.

Verwaltungs- und Printshop-Gebäude
der West Baffin Eskimo Co-operative

▲ Hände eines Steindruckers, des Künstlers Qavavau Manumie,
mit Serpentinschieferplatte und Schablone
◀ Das Interieur des Printshops

Daneben ergab sich durch den neuen Wettbewerb noch ein weiterer Vorteil: Bei der Hudson's Bay Company (heute „Northern") sanken die Preise rasch auf ein Niveau wie zu Zeiten der früheren Baffin Trading Company.

Noch im selben Jahr brachte die Kooperative eine Zusammenstellung künstlerischer Drucke auf den Markt und legte dafür einen eigenen Katalog auf; es war die erste „Cape-Dorset-Jahreskollektion". Einer breiten Öffentlichkeit wurde sie im Frühjahr 1960 mit einer Ausstellung im Montréal Museum of Fine Arts zugänglich gemacht. Als danach eine weitere Ausstellung der „Collection '59" in Stratford, Ontario, zu einer Sensation auf dem Kunstmarkt wurde, ermutigte das verständlicherweise die Inuit in Cape Dorset, auf dem eingeschlagenen Wege weiterzugehen.

Diesmal waren auch Frauen in der Kollektion mit einer Druckgrafik vertreten – Kenojuak und ihre angeheiratete Tante Kunu. Allerdings arbeiteten damals nur noch zwei weitere Frauen auf Papier: Pitseolak Ashoona und deren Tochter Napatsie. Kenojuak berichtet uns aus jenen Tagen: „Ich zeichnete gewöhnlich nur bei Tageslicht und saß dabei in unserem Qarmaq. Zwar war ich hoch motiviert, doch meine Rolle als Mutter und Ehefrau hatte noch mehr Gewicht als die schöne neue Arbeit."

Kenojuaks Druckgrafik entsteht nicht etwa dadurch, daß die Künstlerin eigenhändig druckt. Es handelt sich vielmehr um Drucke, die von Steinschnitzern und Druckern anhand von Zeichnungen Kenojuaks hergestellt werden. Nur Radierungen (Gravuren oder Ätzungen), Kupferstiche, Linol- oder Holzschnitte trägt die Künstlerin selbst auf die Platte auf. Doch auch diese werden von ihr nicht persönlich gedruckt. Tatsächlich hat sie sich nie unmittelbar am Druckprozeß beteiligt.

◀ Kenojuaks Adoptivsohn Arnaguq bei der Arbeit im Printshop

Beim Druck von „Rabbit Eating Seaweed" wurde zunächst das Design in größerem Maßstab von der Felltasche auf Papier übertragen, vermutlich von James Houston selbst. Danach fertigte einer der im Printshop tätigen Männer – es war wohl Osuituq Ipilie – daraus eine Pappschablone. Den eigentlichen Druck führte schließlich Iyola Kingwatsiak aus.

Wichtig dabei ist zu wissen, daß die ersten Zeichnungen der Inuit in Cape Dorset oft noch recht unbeholfen ausfielen, und an die Herstellung von Kunstgrafik dachte zunächst sowieso noch niemand. Offenbar war Houston jedoch von der klaren grafischen Linienführung der Taschenzeichnung Kenojuaks außerordentlich angetan, und er sah gerade in dieser Arbeit ein Muster für ein typisch grafisches Design. Möglicherweise hat ihn das sogar dazu bewegt, das Arbeiten mit Schablonen oder Matrizen bei den Inuit besonders zu fördern. Jedenfalls entwickelte sich das Umsetzen von Zeichnungen in Drucke während der späten fünfziger Jahre rasch zu einer wichtigen Einkommensquelle für die Inuit.

Selbstverständlich ist nicht jede Zeichnung zum Übertragen geeignet, was übrigens keine Frage der Qualität des Originals ist: auch eine gute Zeichnung ergibt längst nicht immer eine gute Druckgrafik. Nicht bloß in den Tagen von James Houston entstanden Zeichnungen, bei denen gar nicht an die mögliche Übersetzung in Grafik gedacht worden war; selbst heute noch achten die Inuit-Künstler beim Zeichnen nicht immer auf diese Möglichkeit. An der Auswahl von Zeichnungen für das Umsetzen in Grafik und dann auch bei der Titelfindung sind die Künstler selbst meist nicht beteiligt; diese Aufgabe obliegt den Managern der Kooperative.

In ihren ersten Zeichnungen gab Kenojuak meist Sujets wieder, die von ihren Robbenhaut-Applikationen bekannt und im wesentlichen der Tradition verhaftet sind: Menschen, Gesichter, Qarmait und Schneehäuser, Schlittenhunde und Qamutiiks (Inuit-Schlitten), Fische und Vögel. Die West Baffin Eskimo Co-operative ist noch im Besitz von Schwarz-Weiß-Fotografien zweier ebenfalls verloren gegangener Taschen, die das dokumentieren. Die eine von ihnen zeigt einen Menschen mit Kapuze im Umriß, vierbeinige Tiere (Hunde), Vögel von der Seite (Gänse) und die andere maskenartige Gesichter, einen Fisch, einen Wal, wiederum Hunde und Vögel, schon hier mit Stilelementen, die Kenojuaks Arbeiten bis heute charakterisieren. Die Tasche mit dem berühmten Seetang fressenden Eishasen hat James Houston zeichnerisch festgehalten[23], und in der frühen Fassung eines Films über Kenojuak ist an Johnniebos Seite ein weiteres ihrer Robbenfell-Designs erkennbar und auf diese Weise erhalten geblieben.

In den vergangenen vierzig Jahren hat Kenojuak in immer neuen Spielarten Vögel skizziert; vor allem Eulen haben sie fasziniert. Hinzu kommt, daß gerade Kenojuaks Vogelzeichnungen sich besonders gut für die Umsetzung in Druckgrafik eignen. Das ist ein wesentlicher Grund für die Vielzahl und Vielfalt von Vögeln auf ihren Grafiken und ihr Bekanntsein für Vogeldarstellungen. Viele Freunde der modernen Inuit-Kunst kennen Kenojuak sogar fast nur als Vogelzeichnerin, doch wird ihr eine solche Einschätzung keineswegs gerecht. Auch wenn in vielen Jahreskollektionen Arbeiten von ihr mit Vögeln enthalten sind, so finden sich daneben noch eine große Zahl anderer Sujets aus dem Kulturkreis der Inuit und zuweilen auch gar keine Vögel.[24] Kenojuak zeichnet ganze Figuren oder auch nur Gesichter und Köpfe. Menschen, Geister, transformierte Wesen, die Meeresgottheit Sedna, Tiere (Hunde, Bären, Wölfe, Füchse, Hasen, Moschusochsen, Walrosse, Wale, Robben, Fische und Vögel), aber auch Sonne und Mond, Qarmait und Schneehäuser, Schlitten, Pflanzen und Blätter, Harpunen und Angeln, Lampen, Ulus und Schneemesser dienen ihr zur Darstellung immer neuer Formen, Strukturen und Kompositionen.

In diesem Zusammenhang halten wir es für bemerkenswert, daß Kenojuak vielen Sammlern nur durch Druckgrafik bekannt geworden ist, obwohl sie auf nahezu allen Gebieten der Inuit-Kunst hervorragende Arbeiten geschaffen hat (wozu auch Puppen und die erwähnten kunsthandwerklichen Arbeiten der fünfziger Jahre zählen). Dabei werden ihre extrem seltenen Steinskulpturen, die sie wie ihre Zeichnungen seit etwa 1959 auf Anregung durch James Houston anzufertigen begann, im Kunsthandel zu hohen Preisen gehandelt.

In Kenojuaks neueren Zeichnungen ist die Zahl der Motive gegenüber der Anfangsphase merklich zurückgegangen. Hielt sie seinerzeit eine wachsende Zahl von Objekten in unterschiedlichsten Kombinationen fest, so konzentrierte sie sich im Laufe der Jahre darauf, vermehrt Varianten und immer neue Sichtweisen darzustellen, meist von menschlichen Gesichtern und Tieren, hierbei besonders von Vögeln. Diese Entwicklung ist, wie wir im Gespräch mit Kenojuak erkennen, in erster Linie darauf zurückzuführen, daß sie sich immer stärker zu ihren Vorlieben bekennt und auch den Mut hat, dabei zu bleiben.

Als Quelle für ihr Schaffen sieht Kenojuak ihre Erfahrungen und Erinnerungen, denen sie mit ihrer Vorstellungskraft künstlerischen Ausdruck verleiht. Szenen, Gegenstände und Lebewesen der Arktis kennt sie aus eigenem Erleben, und manches formt sich in ihrer Phantasie und in ihren Träumen. Geister, transformierte Wesen, Bilder aus dem Schamanentum entspringen gewiß ihrer Fähigkeit, den tief eingeprägten Glauben der Inuit an Übernatürliches und an die Kräfte von Schamanen nachzuempfinden, obwohl sie uns mehrfach dargelegt hat, über Schamanismus nicht mehr als andere zu wissen.

Szenen, die auf einer traditionellen Inuit-Geschichte und -Legende oder auf alten Inuit-Mythen beruhen, wie sie andere Künstler häufig verarbeiten, werden von Kenojuak kaum in Bilder umgesetzt. Sie begründet das damit, solche Erzählungen aus mündlicher Überlieferung zwar von ihrer Großmutter gehört, dann aber doch wieder vergessen zu haben. Jean Blodgett gegenüber betonte sie im Mai 1980 sogar, daß sie alte Geschichten aus der traditionellen Überlieferung grundsätzlich nicht, jedenfalls nicht mit Absicht, in ihr Werk hinein webe: Sie wolle keinesfalls Dinge festhalten, die möglicherweise aus ihrer Unkenntnis heraus nicht der Wahrheit entsprächen oder ungenau seien.[25] So bleibt das einzige legendäre Wesen in Kenojuaks Werk bislang die Meeresgottheit Sedna, denn diese (oder eine Taliilaajuq) kennt sie ja aus eigener Anschauung, als sie in ihrer Kindheit deren Kopf und flutendes Haar zwischen Eisschollen zu sehen bekam.

Generell fehlen bei Kenojuak erzählerische Elemente oder auch die Wiedergabe selbst erlebter Ereignisse. Objekte agieren nicht miteinander, sondern sind nur Teil einer dargestellten Gesamtszene. Auch Selbstporträts und Zeichnungen ihrer Familie sucht man nahezu vergeblich. Selbst Sedna erscheint bei ihr nicht als Legende, sondern als Teil einer Komposition. „They are happy to eat together (Sie erfreuen sich am gemeinsamen Mahl)", ihre Zeichnung für das katholische Meßbuch, stellt Inuit, Männer, Frauen und Kinder beim Robbenmahl in einem Iglu dar. Das ist eine Szene und keine Erzählung – Menschen sind froh und dankbar für das gemeinsame Mahl.

Wer bei Kenojuak hinter den gezeichneten Gegenständen eine tiefere Bedeutung sucht, nähert sich ihrem grafischen Werk unter falschen Prämissen. Sie zeichnet einen Vogel, ein Camp, eine Person, und sie kombiniert Teile zu einem Gesamtwerk. Oft entwickeln sich daher verschiedene Partien der Zeichnung gleichzeitig. In dem hier mehrfach herangezogenen Interview mit Jean Blodgett von Mai 1980 führt sie aus: „Ich versuche Dinge darzustellen, die mein Auge zufriedenstellen, die mein Gefühl für Form und Farbe zufriedenstellen. Das ist mehr ein Spiel zwischen Form und Farbe, dessen Aufführung mir Freude macht, und ich tue das, bis mein Auge zufriedengestellt ist, und dann bin ich für etwas anderes offen."[26]

In einem Bericht von James Houston aber finden wir kurz und präzise festgehalten: „Als sie gefragt wurde, wie sie ‚Kunst' definiere, sagte die junge Mutter und nunmehr berühmte Künstlerin Kenojuak mit atemberaubender Direktheit: ‚Es ist einfach das Übertragen von Visionen aus dem Realen in das Unreale.'"[27]

Kenojuaks Onkel Niviaqsi war, wie erwähnt, der erste aus der engeren Familie, der Zeichnungen und Bilder zu Papier brachte, bald nachdem der Film „The Living Stone" 1956 durch den National Film Board (NFB) in Cape Dorset mit ihm gedreht worden war. Es war eine erregende Zeit, denn die Inuit spürten, daß sich hier etwas für sie ganz Neues entwickelte, etwas, in dem sich Tradition und Moderne verbinden ließen.

Niviaqsi starb 1959 auf der Jagd. Obwohl Trittspuren von Polarbären rund um seinen Körper gefunden wurden, zeigten sich keine Verstümmelungen, und es ergaben sich auch keine Anhaltspunkte für einen Kampf. Die Ursache seines Todes blieb im Dunkeln. Kunu, seine Frau, erhielt die Todesnachricht im Süden Kanadas, wo sie zur Behandlung ihrer Tuberkulose-Erkrankung weilte.

In den warmen Sommertagen desselben Jahres kam Kenojuak mit Adamie nieder. Vor ihrer langen, schweren Krankheit hatte sie drei Kinder (Jamasie, Mary und Qiqituk) geboren, die alle während ihrer Abwesenheit verstorben waren. Auch der später geborene Junge Kalluaqjuk war tot. Nach der Adoption von Arnaguq war also Adamie nunmehr ihr erstes lebendes Kind. Die Wehen begannen in Kiaqtuuq, doch der besorgte Peter Pitseolak packte die werdende Mutter in sein Boot und brachte sie eilends nach Cape Dorset ins Gesundheitszentrum. Am späten Abend kamen sie an, und schon um Mitternacht war das Kind auf der Welt. Es war Kenojuaks erste Niederkunft ohne die Hilfe von traditionellen „Wehmüttern".

Adamie liebt die Jagd, seit er zum ersten Mal im Alter von drei Jahren seinen Vater Johnniebo begleiten durfte, doch hat er auch die hohe künstlerische Begabung seiner Eltern geerbt.

Kenojuaks Mutter Silaqqi lebte mit ihrer 1949 geborenen Tochter Iqarlik ein Jahr lang im Camp Kiaqtuuq. Dort begann auch sie ein wenig zu zeichnen.

Dann aber wurde sie in ein Hospital im Süden gebracht; sie hatte sich ebenfalls Tuberkulose zugezogen.

Das tägliche Leben im Camp verlief für Johnniebo immer unbefriedigender. Peter Pitseolak beschäftigte ihn als eine Art Diener und übertrug ihm alle möglichen lästigen Pflichten. Johnniebos Bruder Taukie hatte bereits Konsequenzen aus Pitseolaks herrischem Verhalten gezogen und das Camp verlassen. Elisapie, seine Frau, war vor kurzem (1959) im Süden an Tuberkulose verstorben, und so lebte er nun allein im Camp Itilliaqjuk.

Itilliaqjuk:
Die letzten Jahre im Camp

Für Johnniebo und Kenojuak gab es somit Grund genug, Kiaqtuuq den Rücken zu kehren. Im Jahr 1960 räumten auch sie ihr Qarmaq und zogen in das Camp Itilliaqjuk um. Der dortige Führer war Audla Pii, eine ganz andere Persönlichkeit als Peter Pitseolak. Johnniebo und Kenojuak schworen sich, nie wieder nach Kiaqtuuq zurückzukehren, um dort zu leben.

Ein halbes Jahr nachdem sie sich im Camp Itilliaqjuk niedergelassen hatten, kam Kenojuak im Winter 1960/61 mit einem Mädchen, Aggeok, nieder. Es blieb nur wenige Monate am Leben und verstarb im Hospital in Iqaluit. Um Kenojuak zu trösten, willigte Johnniebo 1962 ein, einen weiteren Jungen zu adoptieren, den Sohn von Nee Itulu aus Iqaluit. Er erhielt den Namen Ashevak nach Johnniebos Vater. Doch war auch diesem Kind nur ein kurzes Leben beschieden. Es erkrankte nach wenigen Monaten. Schwerer herbstlicher Seegang und widriges Wetter verhinderten einen Transport zum Gesundheitszentrum nach Cape Dorset, und so ist das Kind im Camp gestorben. Im folgenden Jahr 1963 gebar Kenojuak Elisapie Qiqituk; sie starb bereits am Tage nach ihrer Geburt.

Seit Anfang der sechziger Jahre traten in Cape Dorset zunehmend Schneemobile[28] an die Stelle der Hundegespanne. Auch Johnniebo schaffte sich bald eines dieser Fahrzeuge an. Kenojuak mochte sich jedoch mit solchen „modernen motorisierten Landfahrzeugen" (anders als mit Motorbooten) nicht so weit anfreunden, daß sie diese selbst steuerte.

„Ich habe bis heute niemals ein Schneemobil oder ein ATV[29] selbst gelenkt; ich war nur immer der Passagier", lacht sie und meint weiter: „Gegen Schnee

Itilliaqjuk, das ehemalige Camp von Audla Pii
(und zuvor von Saggiak)

mobile habe ich nichts einzuwenden; sie sind ja auch sehr praktisch. Aber was ich auf keinen Fall billige, ist, daß Mütter mit ihren kleinen Kindern im Amautiq solche Fahrzeuge selbst lenken. Ich halte das für sehr gefährlich."

Dann fährt sie fort: „Damals lernte ich ja erst einmal, mit dem Gewehr umzugehen und auf Karibus zu schießen. Zwar kamen Karibus zu jener Zeit noch viel häufiger in die Nähe unseres Camps und überhaupt in diese Gegend als jetzt, doch hatte ich bis dahin noch keines von nahem gesehen. Eines Tages brachen mein Bruder Adamie Alariaq, seine Frau Nakasuk, mein junger Sohn Adamie und ich mit dem Schneemobil zur Jagd auf. Als wir ein Karibu entdeckten, schlichen mein Bruder und seine Frau zu Fuß hinter ihm her und ließen mich und den Jungen beim Schlitten zurück. Aber wie es so kommt: Das Karibu machte einen Bogen und rannte geradenwegs auf unseren Schlitten zu. Adamie warf sich neben dem Schlitten auf den Boden nieder, weil er sich vor dem heranstürmenden Tier fürchtete. Doch da erlegte es mein Bruder.

Als wir uns zusammen daran machten, das Tier zu häuten, näherten sich noch drei weitere Karibus der Stelle, an der wir uns aufhielten. Adamie und Nakasuk begannen, auf die Tiere zu schießen, während ich einfach daneben stand und zusah. Da fragte mich mein Bruder erstaunt: ‚Warum greifst du denn nicht auch nach einem der Gewehre?' Da nahm ich eines und begann ebenfalls zu schießen. Ich erinnere mich, daß ich mich danach recht stolz und glücklich fühlte."

Während der Zeit ihres Aufenthalts im Camp Itilliaqjuk sprach James Houston sie auf ein interessantes Filmprojekt an: Der National Film Board (NFB) habe Interesse geäußert, nach „The Living Stone" noch einen weiteren Film in Cape Dorset zu drehen. Der Film sollte diesmal nicht nur von Inuit-Kunst handeln, sondern allgemein das traditionelle Leben der Inuit zeigen. Johnniebo und Kenojuak kämen dafür als Hauptdarsteller in Frage.

Die beiden überlegten nicht lange, sondern willigten gern ein und kamen im

Frühjahr 1962 nach Cape Dorset, wo ihnen und den drei Kindern Arnaguq, Adamie und Ashevak eine Unterkunft bereit gestellt wurde. Drei Monate lang arbeiteten sie mit dem Filmteam täglich zusammen; der Film „Eskimo Artist – Kenojuak" entstand.[30]

Meist trug Kenojuak an Stelle des kleinen Ashevak, den sie tagsüber zur Betreuung im Gesundheitszentrum ließ, ein Kissen in ihrem Amautiq. Doch wer erkannte das schon im Film? Einmal reiste das ganze Team mit Hundeschlitten zum Camp Itilliaqjuk, um „realistische" Szenen im Camp zu drehen. Inzwischen war es jedoch schon später Frühling geworden, und der Schnee war nun schon viel zu weich, um noch ein Iglu, wie es im Film gezeigt werden sollte, zu bauen. So mußten sie das „Schneehaus" aus Styropor anfertigen.

Kenojuak fand das dauernde Wiederholen von Filmszenen und das Tragen immer gleicher Bekleidung zwar reichlich ermüdend. Johnniebo aber sah sich endlich in die Lage versetzt, mit den Filmgagen ein Kanu zu erwerben, das ihm Lukta Qiatsuq zum Kauf angeboten hatte. Jahrelang war Johnniebo darauf aus gewesen, von anderen, vor allem von Camp-Leadern wie Peter Pitseolak, unabhängig zu sein. Jetzt, nach den Filmarbeiten, konnte er ganz auf sich gestellt Robben jagen, und das war für ihn und Kenojuak wie ein neuer Anfang.

1960 nahm Terry Ryan, der am Ontario College of Art ein Kunststudium absolviert hatte, die Arbeit im Co-op-Kunstzentrum auf. Im Frühjahr darauf verließ zuerst Alma Houston die Siedlung Cape Dorset mit ihren Kindern; sie sollten eine „ordentliche" Schule besuchen. Einige Zeit später übernahm auch James Houston eine neue Aufgabe bei Steuben Glass in New York als „Assistant Director" und verließ Baffin Island. In Terry und seiner ersten Frau Patricia hatten sich ausgezeichnete Nachfolger gefunden, und Terry übernahm 1962 die Leitung der West Baffin Eskimo Co-operative.

Den Abschied von den Houstons empfanden die Inuit als ein einschneidendes und trauriges Ereignis: Im Laufe der Jahre waren vielfältige freundschaftliche Beziehungen entstanden, und die Houstons hatten während des vergangenen Jahrzehnts wichtige Impulse gesetzt, die das Leben in der Siedlung wesentlich beeinflußten und im positiven Sinne veränderten.

Ende 1961 hatte Qiatsuq erstmals versucht, Zeichnungen auf Kupferplatten einzugravieren, und bald erhielt auch Kenojuak dieses Material, um damit zu experimentieren. Sie ritzte direkt in das Metall ein, wobei sie Werkzeuge verwenden mußte, die ihr bis dahin noch völlig fremd waren. Anfangs war das wohl recht schwierig, doch gewann sie zunehmend Erfahrung und Übung, ihre zierlichen Bilder unmittelbar aufzutragen. Manchmal zeichnete sie vorab einen Bleistiftentwurf auf die Platte und grub erst dann den dauerhaften Strich ein. Johnniebo, der ebenfalls bereits auf Papier gezeichnet hatte, begann nun wie seine Frau, sich mit dem Gravieren auf Kupfer auseinanderzusetzen. Die beiden transportierten die Metallplatten in ihr Camp Itilliaqjuk, bearbeiteten sie dort und brachten sie hernach wieder in den Printshop nach Cape Dorset zurück. „Das Gravieren in Kupfer ging ganz schön an die Muskeln", gesteht uns Kenojuak.

Der Winter 1963 war extrem hart. Das Jagen erwies sich wegen des driftenden Eises als äußerst schwierig und gefährlich, und auf den Pelzhandel war keinerlei Verlaß mehr. Johnniebo und Kenojuak verlegten sich daher mehr und mehr auf das Anfertigen von Zeichnungen oder arbeiteten, wenn sie über geeignetes Steinmaterial verfügten, an Skulpturen, um der wirschaftlichen Not einigermaßen auszuweichen.

Wenn sie Cape Dorset zum Einkaufen besuchten, was immer einige Tage in Anspruch nahm, gingen Arnaguq und Adamie in die öffentliche Schule. Zum Camp kehrten die Jungen dann mit Schulaufgaben und Lehrbüchern zurück. Sie lernten nun Dinge, die ihren Eltern nicht geläufig oder gar vollkommen unbekannt waren – und auch blieben.

Karibugeweih und Blick zur Nachbarinsel Mallikjuaq

Anfang 1965 – um die Zeit, in der die Royal Canadian Mounted Police in Cape Dorset einen Polizeiposten eröffnete und einen „Mounty" stationierte – adoptierten Johnniebo und Kenojuak von Ijitsiaq Peter und seiner Frau Nitani ein kleines Mädchen namens Pii. Kenojuak hatte die werdende Mutter zum Gesundheitszentrum in Cape Dorset begleitet und dort mit ihr auf die Niederkunft gewartet.

Ein paar Monate später, als der Herbst begann, wurde Kenojuak im selben Gesundheitszentrum von einer eigenen Tochter, Padluq [Pudlo], entbunden; Patricia Ryan stand ihr als Krankenschwester zur Seite. Johnniebo war ganz hingerissen von diesem gesunden und robusten Kind. In seiner freundlichen und offenherzigen Art nahm er die beiden fast gleichaltrigen Mädchen oft auf seine starken Arme und trug sie herum. Er liebte sie zärtlich.

Bald verschlechterte sich das Wetter, und der Winter kündigte sich durch vermehrte Schneefälle an. Im Leinenzelt, ihrer Bleibe in Cape Dorset, wurde es nun immer ungemütlicher, und so kehrte die ganze Familie nicht lange nach Padluqs Geburt ins Camp Itilliaqjuk zurück.

Dort wurde kurze Zeit später Tuqlik Akesuk, der betagte Vater von Latchaolassie, von der Grippe dahingerafft. Er war in seinen letzten Jahren fast ganz erblindet, aber er setzte bis zum Schluß das Steinschnitzen fort – nur dem Gefühl und dem Tastsinn seiner Hände vertrauend.

1966 erwartete Kenojuak ein weiteres Baby, und die Krankenschwestern rieten ihr im Hinblick auf ihren schlechten Gesundheitszustand dringend, in die Siedlung Cape Dorset umzuziehen. Nachdem auch die Schulpflicht der beiden älteren Jungen immer drängender wurde, fiel die Entscheidung: Die ganze Familie gab das Wohnen im liebgewordenen Camp Itilliaqjuk auf. Kenojuak war tief betrübt, denn für sie bedeutete dieser Aufbruch das Ende einer Ära und eines ganzen Lebensstils.

In der Siedlung

KINNGAIT:
WOHNEN IN FESTEN HÄUSERN

In der Region Sikusiilaq waren wie bei allen kanadischen Inuit innerhalb kürzester Zeit umwälzende Veränderungen eingetreten. Stützte sich das Leben von Kenojuaks Vorfahren noch uneingeschränkt auf das freie Land und das angrenzende Meer, so mußte die Generation ihrer Eltern erleben, wie sie – vor allem durch Pelzhandel und Tauschgeschäfte – immer abhängiger wurde von Waren und Ausrüstungsgegenständen aus dem Süden. Als dann der Pelzhandel zusammenbrach, versuchten die Sikusiilarmiut, noch einmal an ihr traditionelles Leben anzuknüpfen, was ihnen jedoch nur bis zu einem gewissen Grade und selbst dann noch unzulänglich glückte: Die neuen Lebenserfahrungen hatten sie schon zu sehr geprägt.

Gewiß, bereits vor James Houstons Ankunft in Cape Dorset hatte der eine oder andere Inuk Skulpturen verkauft; der Markt war jedoch durch die Hudson's Bay Company, die Baffin Trading Company und gelegentliche Käufer von außen sehr abhängig. Erst mit der von Houston angestoßenen Öffnung des Marktes ergab sich für die Sikusiilarmiut eine nachhaltige Chance, finanzielle Sicherheit zu gewinnen, indem sie sich in Zeiten der Not, wenn die Jagd keine ausreichenden Erfolge brachte, verstärkt der Kunst widmeten. Kenojuaks Lebensgeschichte ist dafür beispielhaft.

In der zweiten Hälfte der sechziger Jahre des 20. Jahrhunderts hatten fast alle Sikusiilarmiut ihre traditionellen Camps bis auf kurze Sommeraufenthalte verlassen; die letzten ganzjährigen Camps wurden 1971 aufgegeben. Die Menschen waren in die Siedlung Cape Dorset gezogen, wo ihnen Häuser nach dem sogenannten „Housing Program" zu bestimmten Bedingungen (einer Art Leasing) überlassen wurden. Die Kinder konnten hier regelmäßig zur Schule gehen, und auch für die medizinische Betreuung war gesorgt.

Das Leben der Sikusiilarmiut erfuhr eine totale Veränderung. Statt in Qarmait, Iglus und Zelten wohnten sie nun in mit Ölheizung, Trinkwasser und Elektrizität versorgten Häusern. Nötigenfalls erhielten die Familien staatliche Sozialhilfe, und ihr Überleben hing nicht mehr unmittelbar davon ab, wie erfolgreich die Jagd verlief. Die lebensnotwendigen Güter standen in den Supermärkten zur Verfügung. Die Kinder verbrachten die meiste Zeit des Tages in der Schule oder erledigten Hausaufgaben. Früher hatten sie statt dessen die traditionelle Lebensweise von den Eltern gelernt.

Die Motorisierung breitete sich überall im Norden immer mehr aus: Wo die Inuit zuvor über das Land und das Meereseis mit Schlitten gereist waren, die von Hundeteams gezogen wurden, da fegten sie nun mit vorgespannten Schneemobilen dahin. Ruderboote (Kajaks und Umiat) wurden von Motorbooten abgelöst, und über Land fuhr man von nun an mit dem ATV. Die Jagd auf Karibus beschränkt sich deshalb seither meist auf einen einzigen Tag, während man dafür zuvor eine ganze Woche unterwegs war. Die Hundeteams, einst für die Existenz der Familien unverzichtbar, verschwanden immer mehr. Heutzutage hält man sich eher „Haushunde" und verzichtet auf die aufwendige Schlittenhundezucht (sieht man von Siedlungen wie Iglulik ab, wo die Hundeschlitten-Tradition noch hochgehalten wird).

Nach vorübergehender Unterbringung in einem Zelt bezogen Johnniebo und Kenojuak mit ihren Kindern zunächst eines der typischen Häuser aus der frühen Siedlungszeit, die man wegen ihres Aussehens und kleinen Formats als „Matchbox" bezeichnete. Es besaß nur drei Schlafzimmer und keine Nebenräume (inzwischen ist es abgerissen). Einige Zeit danach zogen sie in ein größeres, der Familie angemessenes Haus im Ortszentrum um. Für Johnniebo sollte es das letzte Heim werden.[31] Johnniebo gab das traditionelle Leben mit dem

Umzug nach Cape Dorset nicht vollkommen auf. Er ging weiter zur Versorgung seiner Familie auf die Jagd und zum Fischen. Kenojuak begleitete ihn, wenn immer es ihr möglich war, hinaus „auf das Land".

Als beider Sohn Qiatsuq im Dezember 1966 auf die Welt kam, adoptierten ihn Aggeak Petaulassie und seine zweite Frau Timangiak (Aggeaks erste Frau Sheorak, die leibliche Mutter von Kenojuaks Adoptivsohn Arnaguq, war 1961 mit nur 38 Jahren verstorben). Fünf Monate nach der Adoption kam Timangiak ebenfalls nieder. Nun wurde ihr neugeborener Sohn Jamasie von Johnniebo und Kenojuak adoptiert. Man empfand dies als „fairen Austausch" zwischen beiden Familien.

Im Jahr 1967 feierte Kanada das Jubiläum seines hundertjährigen Bestehens. Aus diesem Anlaß wurde auf Empfehlung des „Eskimo Arts Council" ein Portfolio mit sechs Stichen von Kenojuaks Hand herausgegeben. Und im gleichen Jahr erfuhr die erst Vierzigjährige eine besondere Anerkennung ihrer bis dahin geleisteten künstlerischen Arbeit. Terry Ryan und Jimmy Manning hatten als Erste über ihren „Communication Channel" eine Nachricht erhalten, die sie freudestrahlend Kenojuak überbrachten: Am 24. November sollte sie unter den Ersten sein, die mit dem neu gestifteten „Order of Canada" geehrt wurden, einer Verdienstmedaille (Medal of Service) für besondere Leistungen auf allen Gebieten kanadischen Lebens.

Die Reise in den Süden zur Überreichung dieses Ordens war die erste seit ihrem Klinikaufenthalt vor mehr als zehn Jahren. Daß Johnniebo sie begleitete, gab ihr ein besonderes Gefühl der Sicherheit. Am 8. November 1967 flogen die beiden nach Ottawa, wo sie von Alma Houston herzlich aufgenommen wurden. Vor der Zeremonie war Kenojuak verständlicherweise etwas ängstlich und nervös, doch im Augenblick der Verleihung fühlte sie sich sehr stolz, wie sie uns selbst berichtet.

153

Cape Dorset: ...

Der als „Valley" bezeichnete Siedlungsteil Kuugalaaq

Ständig wechselnde Lichtverhältnisse: Schiffe im Eis der Bucht von
Cape Dorset erstrahlen zuweilen in gleißendem Licht, dann …

… wieder sind sie von Schneekristallen umhüllt, deren Wirbeln die Sonne nur milchig-weiß durchbricht; die Konturen der Insel Mallikjuaq verschwinden

Anläßlich der Festlichkeit zur Ordensverleihung nahmen sie und Johnniebo auch an der Eröffnung einer Ausstellung ihrer Werke in der National Library of Canada in Ottawa teil; 45 Werke von Kenojuak und fünf von Johnniebo wurden gezeigt.

Wenig später reiste Kenojuak erneut nach Ottawa, diesmal jedoch um ihre Augen untersuchen zu lassen. Sie erzählt uns darüber mit Schmunzeln: „Ich hatte davor ziemlich viel Angst. Dabei durfte doch Johnniebo, mein Ehemann, sogar mit ins Sprechzimmer des Arztes kommen. Ich war furchtsam und unruhig und konnte auf dem Untersuchungsstuhl nicht still sitzen. Ich glaube, der Doktor hat sich sehr über mich gewundert. Nachdem aber ein Dolmetscher mir erklärt hatte, wie einfach so eine Augenuntersuchung verläuft, wurde ich auf einmal ganz ruhig. Als ich danach ein zweites Mal zum Augenarzt gehen mußte, hatte ich eigentlich keine Angst mehr.“

Im Mai 1969 flogen Johnniebo und Kenojuak mit ihren Kindern Adamie, Pii und Padluq ein weiteres Mal nach Ottawa. Die kanadische Hauptstadt war ihnen bald recht vertraut. Die Regierung hatte Kenojuak und Johnniebo beauftragt, an der Gestaltung eines sieben mal acht Meter großen Stukkatur-Wandreliefs mitzuwirken, das den kanadischen Pavillon auf der Weltausstellung 1970 im japanischen Osaka schmücken sollte. Die ganze Familie wohnte in einem Appartement. Jeden Morgen brachte ein Taxi die beiden kleinen Mädchen zu einer Kindertagesstätte, Adamie zur Schule und die beiden Künstler zur Arbeit. Diese genossen es sehr, daß ihnen ein Dolmetscher für Inuktitut zur Verfügung stand, und von der Klimaanlage in den Arbeitsräumen ist Kenojuak noch immer sehr angetan.

Drei Monate nahm das Projekt in Anspruch, genügend Zeit für sie alle, an den Wochenenden auch die Umgebung Ottawas kennenzulernen. Kenojuak sah viele alte Freunde wieder, darunter Harold Pfeiffer und Sarah Ikummiaq. Seit ihrem Klinikaufenthalt in Québec und der Heimkehr mit der „C. D. Howe", auf der Sarah seinerzeit als Dolmetscherin mitreiste, waren nun 14 Jahre vergangen, und ihre Gespräche ließen die Erinnerung daran wieder aufleben. Für Johnniebo und Kenojuak endete das Expo '70-Projekt mit einem sehr erfreulichen Resultat: Zurück in Cape Dorset konnten sie sich ein fabrikneues Kanu mit Außenbordmotor leisten.

Im Januar 1970 gebar Kenojuak 43-jährig ihr letztes (zehntes) Kind, die Tochter Silaqqi – diesmal im Hospital in Iqaluit (seinerzeit noch Frobisher Bay). Sie ließ es sich jedoch nicht nehmen, einige Zeit später die Expo '70 in Osaka zu besuchen, um das von ihr und Johnniebo geschaffene Wandrelief im kanadischen Pavillon zu sehen.

Im selben Jahr brachte die Post aus Anlaß des 100jährigen Bestehens der Nordwest-Territorien eine 6-Cent-Briefmarke heraus (siehe S. 260), die ihren hierdurch wohl am bekanntesten gewordenen Steinschnitt „The Enchanted Owl (Die verzauberte Eule)" in der rot-schwarzen Version wiedergab (jeweils 25 Exemplare dieses Schnitts kamen 1960 in einer rot-schwarzen oder einer grün-schwarzen Version in den Handel). Zwei weitere Briefmarken, denen von ihr entworfene Drucke zugrunde lagen, sollten folgen.

1970 wurde den Inuit auch endlich zugestanden, sich Familiennamen auszuwählen. Nach einem in den ganzen Nordwest-Territorien durchgeführten Projekt, das eng mit dem Namen des Inuit-Leaders Abraham „Abe" Okpik verbunden ist, ging eine wenig erfreuliche Phase der neuzeitlichen Inuit-Geschichte zu Ende: Die Inuit sollten von nun an nicht länger durch Nummern identifiziert sein. Die Älteren übernahmen oft ihren bisherigen Geburtsnamen als Familiennamen und fügten einen biblischen Vornamen hinzu. Nicht selten wählten Familienoberhäupter auch den Namen ihres Vaters als Nachnamen, so z.B.

Johnniebo – dessen Vater Ashevak hieß – und Kenojuak. Auf diesem Wege erhielt Kenojuak ihren vollen Namen Kenojuak Ashevak, einen Namen, den sie mit Stolz trägt.[32]

Zweimal besuchte Kenojuak Halifax in Neuschottland, eine Stadt, die ihr wegen der unmittelbaren Lage am Meer ausnehmend gut gefiel: Im Oktober 1971 waren Johnniebo und sie gemeinsam bei der Eröffnung einer Ausstellung ihrer beider Werke anwesend.

Im Februar 1974 wurden dann ein zweites Mal Skulpturen, Zeichnungen und Drucke von Johnniebo und Kenojuak gezeigt. Diesmal jedoch kam Kenojuak allein: Johnniebo hatte im Herbst 1972 plötzlich über starke Schmerzen im Bauch geklagt und wurde deshalb zum Gesundheitszentrum gebracht. Dort lag er zwei Tage und Nächte. Dichter, undurchdringlicher Nebel machte den Anflug eines Rettungsflugzeugs auf Cape Dorset unmöglich. Am dritten Abend, dem 8. September 1972, starb Johnniebo. Es hatte sich ein Darmverschluß entwickelt, und nur ein chirurgischer Eingriff hätte ihn retten können. Am 23. September wurde Johnniebo auf dem Friedhof der Siedlung beigesetzt. Über seinem Grab mit der syllabischen Kreuzinschrift „Janivvu Asivaq | 1923 | 8.9.1972" erhebt sich der mächtige Bergrücken des Kinngait, und nach Norden fällt der Blick auf die Bucht des Tellik Inlets, hinüber zur Insel Mallikjuaq und auf die Täler und Hügel von Cape Dorset. Nahe am Friedhof, im als „Valley" bezeichneten Siedlungsteil Kuugalaaq, wird Kenojuak danach eine Zeitlang wohnen.

Nach eigener Überzeugung hätte Kenojuak den ersten Winter nach Johnniebos Tod allein nicht überlebt. Doch standen ihr Freunde und Verwandte bei und versorgten sie und ihre Kinder vor allem auch mit Nahrung, die sie frisch von der Jagd mitbrachten. Sie selbst mochte nach dem Tode Johnniebos nicht einmal mehr zum Fischen gehen, obwohl sie das zuvor leidenschaftlich gern getan hatte. Ihre besorgten Brüder und Schwäger vermochten nicht, sie aus ihrer

Friedhof von Cape Dorset und anglikanische Kirche im „Valley"

Johnniebos Grab; Inschrift: „Janivvu Asivaq |1923 | 8.9.1972"

Lethargie zu reißen. Doch eines Frühlings verlockte sie der Gesang der Vögel, dem sie früher beim Fischen zu lauschen liebte, und sie brach wieder auf zum Wasser: „Es ist so wundervoll, fischen zu gehen."

Aggeok Pitseolak, die Schwester ihres Mannes, zeigte sich ihr in den schweren Tagen nach Johnniebos Tod besonders zugewandt, und sie war es auch, die ihr schließlich Mut machte, 1973 mit Ityguyakjuaq Pii zusammenzuziehen. Dessen Frau war vor Jahren bei der Geburt eines Kindes verstorben, und auch er fühlte sich vereinsamt. Nun wurde er für Johnniebos Kinder ein freundlicher und liebevoller Vater. Den beiden war jedoch nur eine kurze Gemeinsamkeit beschieden. Nach mehrmaligem Aufenthalt in einem Hospital im Süden, wo auch er sich wegen Tuberkulose behandeln lassen mußte, starb Ityguyakjuaq 1977 in Cape Dorset zur Zeit der Sommersonnenwende.

Um die Weihnachtszeit 1979 zogen Kenojuak und die ihr verbliebenen sechs Kinder mit Igiuk Joannassie zusammen – in ihr viertes Haus. Die Partnerschaft mit Igiuk währte nur kurze Zeit, denn er starb schon etwa zwei Jahre danach, wie es hieß, an einer Gehirnblutung.

Arnaguq, der sich schon damals immer wieder in der Druckerei der Kooperative betätigte, hatte längst eigene Zeichnungen angefertigt. Adamie arbeitete bei der Wetterbeobachtung mit und schnitzte gelegentlich Steinskulpturen. Padluq und Pii, ihre seinerzeit noch halbwüchsigen Töchter, gingen nicht mehr zur Schule, anders als die beiden Jüngsten, Jamasie und Silaqqi. Während der kurzen Sommer zog die Familie hinaus zu den alten Camp-Plätzen, um zu jagen und zu fischen, oder eben: um zu leben wie ehedem. Kenojuaks Mutter Silaqqi war seinerzeit zwar noch bei verhältnismäßig guter Gesundheit, doch wie ihre Mutter Quitsaq ebenfalls auf einem Auge erblindet. Sie wohnte bei ihrem Sohn Quvianaqtuliaq, einem Halbbruder Kenojuaks, und seiner Frau Nivie, einer Tochter von Johnniebos Bruder Taukie.

IQALURAJUK:
SEHNSUCHT NACH DEM TRADITIONELLEN LEBEN

Als wir im Frühsommer 1995 erstmals nach Cape Dorset kamen, hatten wir das Glück, als Gäste bei Adamie Ashevak und seiner Frau Ulusie [Ooloosie] zu wohnen. Beide beherrschen die englische Sprache und machten uns mit Land und Leuten vertraut. Sie fanden solchen Gefallen an uns Qallunaat, den ersten in ihrem Hause, und an unseren Kenntnissen über namhafte Inuit-Künstler, daß sie bald jede Gelegenheit wahrnahmen, uns ergänzende Hinweise zu geben. Bei dieser Gelegenheit erfuhren wir auch, daß Adamie ein Sohn von Kenojuak Ashevak war, deren Arbeiten wir schon damals sehr schätzten.

Seine Mutter hielt sich in jenen Tagen nicht in der Siedlung auf. Sie verbrachte die Frühlingstage „auf dem Land" – in einem Camp, von dessen örtlicher Lage wir seinerzeit noch keinerlei Vorstellung hatten (es war Iqalurajuk, wie wir später von ihr selbst erfuhren). Jetzt, Mitte Juni, war das Eis nicht mehr fest genug, um mit dem Schlitten dorthin zu fahren. Zugleich war das Meer noch nicht überall so offen, daß man mit dem Boot reisen konnte. So war es uns nicht möglich, Kenojuak persönlich zu begegnen. Nur ihre Stimme hörten wir täglich über das Funkgerät.

Als wir eines Abends beisammensaßen und über die „old days"[33] und das Leben auf dem Land plauderten, bat Ulusie ihren Mann, uns den NFB-Videofilm „Eskimo Artist: Kenojuak" vorzuführen. Und so stellte uns Adamie mit diesem 1962 gedrehten Film seine Eltern und Geschwister vor, auch sich selbst als zweijährigen Jungen: Wir beobachteten eine Künstlerfamilie auf dem Land, auf der Reise über das Meereseis mit dem Hundegespann und bei der Co-op in der Siedlung Cape Dorset, und beeindruckt notierten wir in unserem Tagebuch (das unter dem Titel „Im Land der Inuit" veröffentlicht ist):

Liebenswürdige Gastgeber 1995: Adamie und seine Frau Ulusie

▲ „Metamorphose eines Polarbären", Serpentinit-Skulptur (1995)
◀ Kenojuaks Sohn Adamie beim Gestalten der
„Metamorphose eines Polarbären"

Künstler beim Gestalten einer Steinskulptur –
Manumie Shaqu, Ulusies Großvater

„Geräusche der winterlichen Arktis dringen tief in uns ein; Bilder, von Schattenspielen im Schein des Qulliqfeuers auf die Zeltwand projiziert, rufen versunkene Märchen in unserer Phantasie wieder wach; die Nähe der Menschen und Schlittenhunde läßt uns Geborgenheit und Wärme in der eisigen Kälte der Polarnächte fühlen. Solche Impressionen sind es, die Kenojuak zur Künstlerin reifen ließen. Wir sehen, wie Terry Ryan, der 1960 als künstlerischer Berater in den Dienst der West Baffin Eskimo Co-operative getreten war, sie und ihre Arbeit fördert. Ihre Äußerungen im Film offenbaren uns ihre Gedankenwelt – etwa zur Bedeutung des Jagens: ‚Er [ein Steinschnitzer] ist glücklich, bei der Kooperative Steinblöcke zu schneiden, aber er ist viel glücklicher beim Jagen. Die Jagd ist noch immer der bedeutendste Teil von ihm.‘ Oder über Papierbogen zum Druck von Lithografien: ‚Ein Stück Papier aus der Außenwelt ist so dünn wie die Schale eines Schneefinkcn-Eis.‘ Oder über den Kosmos der Inuit und der Qallunaat: ‚Ach sieh: Wir dachten, er [der Mond] ist flach, sie denken, er ist rund. Wie seltsam zu finden, daß die Sonne so viel weiter weg ist als der Mond. Wir dachten immer, es sei die gleiche Entfernung. Diese Fremden, die Sonne und Mond in Bildern festhielten, sie kennen die ganze Welt und mehr. Ich kenne die Welt zwischen hier und unserem Camp; das ist alles, was ich weiß.‘ Der Film ergreift uns alle tief.“

Unsere Neugier war geweckt. In den Tagen danach erfuhren wir immer neue Einzelheiten über Kenojuak und das Leben dieser „Künstlerin in zwei Welten“.

Im folgenden Jahr trafen wir Adamie und Ulusie nicht in Cape Dorset an. Adamie hielt sich zur beruflichen Weiterbildung im Süden auf, in Ottawa, und so war die ganze Familie in die kanadische Hauptstadt gezogen. Wir wohnten nun als Hausgäste bei Jimmy Manning, einem der Manager in der West Baffin Eskimo Co-operative, und seiner Frau Pitseolala, einer Nichte Kenojuaks.

Diesmal hielt Kenojuak sich in der Siedlung auf. Jimmy, der von unserem lang gehegten Wunsch wußte, Kenojuak persönlich kennenzulernen, arrangierte ein erstes Treffen. Es war gegen neun Uhr abends, als wir mit Jimmy und Pitseolala nach einem kurzen Spaziergang vor Kenojuaks Haus am nördlichen Rand der Siedlung eintrafen – dem Haus Nr. 128 im Siedlungsteil Itjurittuq. Bei Kenojuak weilte Verwandtenbesuch aus Kimmirut, und so hatte sich an jenem Abend eine größere Zahl von Freundinnen aus der Siedlung eingefunden, um die Gäste zu begrüßen. Als wir eintraten, mußten wir uns erst einmal in der dunstigen Luft des Raumes orientieren. Alle saßen rauchend auf dem Boden beim Bingo-Spiel und hatten vor Aufregung heiße Gesichter. Nur Kenojuak hatte sich einen Stuhl genommen.

Sie kam sofort auf uns zu und umarmte uns herzlich wie altbekannte Vertraute. Adamies Freunde seien auch die ihren, ließ sie uns durch Jimmy wissen. Bevor wir etwas sagen konnten, ließ sie uns erklären, Adamie habe gerade aus Ottawa angerufen und sich nach uns erkundigt. Dann bat sie eine ihrer Töchter, für uns eine Telefonverbindung mit ihm herzustellen. Erst danach kamen wir auf das zu sprechen, was uns zu ihr geführt hatte: ihre Bekanntschaft zu machen. Um sie jedoch ihren Gästen nicht allzu lange zu entziehen, vereinbarten wir nur kurz für einen der kommenden Abende ein Treffen. Einzelheiten würde Jimmy telefonisch regeln.

Als Jimmy am Morgen des verabredeten Tages bei ihr anrief, erfuhren wir, Kenojuak habe sich eine fiebrige Erkältung zugezogen. Es bliebe ungewiß, ob wir uns vor unserer bevorstehenden Abreise nochmals sehen könnten. Jimmy sollte auf alle Fälle aber gegen zehn Uhr abends wieder anrufen. Kenojuak ließ ihn bei diesem abendlichen Telefonat wissen, sie fühle sich bedeutend besser. Da ihre Gäste noch da seien und sie ungestört mit uns sprechen wolle, werde sie gleich zu Jimmys Haus kommen. Eigentlich wollte sie zu Fuß gehen, doch ließen wir sie mit dem Wagen abholen.

Kenojuak

Das Haus im Ortsteil Itjurittuq, in dem
Kenojuak von 1979 bis 2001 wohnte

Langjährige Freunde: Kenojuak und Jimmy Manning

Kenojuak blieb über zwei Stunden bis nach Mitternacht, und Jimmy, dem ganz offensichtlich ihr uneingeschränktes Vertrauen gehört, half uns, alle Sprachbarrieren zu überwinden. Wir legten Kenojuak unseren Plan dar, über ihr Leben in zwei Welten ein Buch zu schreiben, und sie zeigte sich nach einem kurzen Augenblick des Nachdenkens von unserer Absicht durchaus angetan. Gemeinsam legten wir noch am selben Abend einen Rahmen und erste Details fest, und Kenojuak erklärte, sie freue sich schon auf unser nächstes Zusammentreffen.

Im Vorfrühling des nächsten Jahres treffen wir dann wohlvorbereitet wieder in Cape Dorset ein und finden hier ideale Bedingungen für unsere Arbeit vor. Kenojuak erwartet uns, und Jimmy Manning hat für eine erfahrene Dolmetscherin, seine Schwester Jeannie, gesorgt. Kenojuaks Neffe Timmun Alariaq und seine Frau Kristiina stellen uns ihr „Beach House", ein sehr gut eingerichtetes, behagliches Häuschen unten am Strand, als Wohnung und für die vielen notwendigen Interviews zur Verfügung. Eher beiläufig erfahren wir, daß dieses Beach House von Johnniebo im Jahr 1950 mit erstellt worden ist: Es war damals noch wesentlich kleiner. Wie wir bei weiteren Gesprächen mitbekommen, war es als jenes Lehrerhaus gebaut worden, das seinerzeit zuerst die Applewhites bezogen hatten. Wir wohnen und arbeiten demnach auf „historischem Grund".

Timmun und Kristiina sind es in jenen Tagen auch, die uns in dreistündiger Fahrt mit Schneemobil und Qamutiik in ihr achtzig Kilometer entferntes Camp Iqalurajuk, zum „Platz der wenigen großen Fische", jenseits der Andrew Gordon Bay mitnehmen und zu längst verlassenen Camps führen, in denen Kenojuak einst gelebt hat. Denn wir wollen versuchen, durch eigene Anschauung etwas von dem nachzuempfinden, was die Inuit mit „the old way of life"[34] bezeichnen.

◂ Freude über den zum Trocknen vorbereiteten Wandersaibling

Camp Iqalurajuk an der Andrew Gordon Bay
(links: Cabin, rechts: Zelt)

Iqalurajuk: Beim Eisfischen auf einem gefrorenen See nahe dem Camp

Eisfischen von armlangen Wandersaiblingen
durch ein mehr als zwei Meter dickes Eisloch

Preßeis vor dem Camp Iqalurajuk

Morgendliche Szene an der Cabin im Camp Iqalurajuk

Wir verbringen mehrere Tage auf dem Land, wohnen zu zehnt in Timmuns einräumiger, aber gut ausgestatteter Cabin (einer Art Blockhütte), genießen traditionelle Nahrung, „native food" – Karibufleisch und Wandersaibling, roh und gekocht, frisch gebackenen Bannock, gehen mit unseren Gastgebern zum „Jigging" (Eisfischen) und lassen uns von der grandiosen arktischen Schneelandschaft gefangen nehmen.

An einem der Tage fahren wir mit dem Schneemobil über das Packeis zur Südostspitze der Andrew Gordon Bay. An von den Gezeiten an der Küstenlinie aufgetürmten Eispalisaden und -gebirgen entlang lassen wir uns von Inuksuit (Steinzeichen) auf den Bergrücken und dann von einem alten, als besonderes Erkennungsmal aufgerichteten Segelmast den Weg weisen. Und schließlich kämpfen wir uns durch Preßeisgewirr ans Ufer.

Wir sind an dem verlassenen Camp Ikirasaq angelangt, in dem Kenojuak vor siebzig Jahren geboren wurde, und das bald danach für lange Zeit Pootoogooks Heimstatt gewesen war. Der Platz war gut gewählt: Eingebettet zwischen sanft ansteigenden Hügeln liegt das Camp ein wenig vor Winden geschützt auf leicht zum Meer abfallendem Grund der Sonne zugewandt. Zwei windschiefe Hütten, teilweise aus Material von der 1947 gestrandeten „Nascopie" errichtet, das Pootoogook hierher gebracht hatte, und die hölzernen Rahmen eines alten fünfeckigen Qarmaqs sind noch von dem ehedem mit reichem Leben erfüllten Ort geblieben.

Der Wind hat Schnee durch Fenster und Türen der Cabins getrieben. Frische Spuren im sonst unberührten Weiß verraten den kürzlichen Besuch eines Polarbären in einer der Hütten. An den Wänden haben sich während der vergangenen Jahre Besucher aus Cape Dorset mit Namen und Daten verewigt. Lächelnd zieht Timmun einen alten Nagel aus der Wand und ritzt hinzu: „Polar Bear was here (Polarbär war hier) – April 1997."

Inuksuit (Steinzeichen) auf einer kleinen Insel vor Alareak Island

Grab von Jaku Mamirajak

Mit dem Schneemobil ließe sich der Weg nach Cape Dorset über die Andrew Gordon Bay je nach Wetter- und Eisbedingungen in drei bis fünf Stunden bewältigen. Das traditionelle Reisen mit Hundeteams, etwa in den Kindertagen Kenojuaks, nahm seinerzeit noch zwei, drei Tage in Anspruch – mit Übernachtung im abends noch aufzubauenden „Reise-Iglu".

Auf der Rückfahrt nach Cape Dorset überqueren auch wir die Andrew Gordon Bay, arbeiten uns durch bizarr aufgebrochenes Preßeis zwischen Alareak Island und der Südwestecke der Bay hindurch, erblicken nach dem Umfahren aufgetürmten Eises zuerst einen verrosteten Eisenkubus und verharren gleich daneben vor einem nahe unserer Fahrtroute an einem Berghang aufragenden Kreuz. Es kennzeichnet Jakus Grab. Als Jaku im Jahr 1923 starb, hieß es allgemein, ein guter Mensch sei gestorben, der anderen immer mit Nahrung ausgeholfen habe. Wegen starken Frostes konnte er nicht ordentlich begraben werden. Man legte den Toten deshalb in eine alte Öltonne, die ein Walfangschiff in der Nähe des Camps zurückgelassen hatte. Fast sechzig Jahre sollte er hier ruhen, dann wurde sein mumifizierter Leichnam 1982 beerdigt.

Die Geschichte von Jaku[35] reicht noch weit in die Zeit zurück, in der die Inuit zum christlichen Glauben überwechselten und dabei vieles übertrieben. Das Camp Itilliaqjuk unterstand um die Jahrhundertwende einem Mann namens Simigak, der eines Tages glaubte, Jesus sei ihm bei der Robbenjagd begegnet und habe ihn beobachtet. Seine Leute bauten daraufhin ein riesiges, zum Himmel offenes Iglu, um sich darin zum Gottesdienst zu versammeln. Simigaks Vetter Mamirajak glaubte fest an diese Wiederkunft des Herrn, und er predigte, Jesus sei als Gottesbote gekommen, um nach den Menschen zu schauen. Daraufhin bezeichneten ihn die Leute selbst als Kiggak (Bote), wodurch er sich nur noch mehr bestätigt fühlte. Kiggak begann, in dem riesigen Iglu zu singen, und tanzte dabei völlig unbekleidet umher. Offensichtlich geriet er immer mehr in Ekstase, denn schließlich verkündete er gar: „Ich fahre auf in den Himmel! Halleluja!"

Simigak schloß sich ihm an, doch machte er deutlich: „Nicht du allein, wir alle fahren auf in den Himmel!"

Selbstverständlich fuhr niemand in den Himmel auf. Doch Kiggak hörte nicht auf zu singen, überall – diesseits und jenseits der Hudson Strait – seien die Menschen auf Himmelfahrt. Da hielten ihn die Leute für einen Angakkuq, einen Schamanen, da er doch die Geschehnisse an anderen Orten zu sehen fähig war.

Die Männer schoren sich die Bärte ab und die Frauen das Kopfhaar, um bei der Himmelfahrt nicht hängen zu bleiben. Kiggaks Frau schmierte sich Robbenöl in die Kleider, um nicht zu sauber zu sein, und alle anderen taten es ihr nach – hatte nicht schon Okhamuk (der anglikanische Reverend Peck) gepredigt, man dürfe nicht an Besitztümern hängen? Tatsächlich benahmen sich die Leute wie Betrunkene und taten absolut unsinnige Dinge. Kiggak zum Beispiel soll einem schlafenden Mann auf den Bauch gesprungen sein, und hätte ihn dessen Sohn nicht zurückgehalten, so hätte er ihn wohl zu Tode getrampelt. Der Mann selbst hatte keinerlei Widerstand geleistet: Auch Jesus am Kreuz hatte sich ja nicht gewehrt.

Irgendwann erwachten die Menschen aus ihrer Trance. Kiggak erkannte, daß sein Name „Bote" falsch und unangebracht war, und er nahm zunächst wieder seinen ursprünglichen Inuit-Namen Mamirajak an und bald danach auch seinen Taufnamen Jaku.

Timmun, erfahren mit derartigen Touren, lenkt unsere drei Schlittengespanne ohne uns Mitreisende durch schroffe Preßeisbarrieren, die uns den alten Walfänger-Ankerplatz Kisabik schwer überqueren lassen. Wir folgen ihm zu Fuß, steigen dann wieder zu und erreichen nach kurzer Fahrt das ehemalige Camp Itilliaqjuk, dessen Leader Anfang der sechziger Jahre Audla Pii gewesen war. Dorthin hatten sich 1960 Johnniebo und Kenojuak gewandt, als sie der Herrschaft von Peter Pitseolak im Camp Kiaqtuuq entgehen wollten. Von Audlas

185

eigenem Camp, das am Fuß eines von einem Inuksuk beherrschten Hügels liegt, sind nur noch die Überreste zweier Qarmait zu sehen. Den Platz, an dem Johnniebo und Kenojuak seinerzeit lebten, können wir wegen der starken Eisverwerfungen am Ufer nicht anfahren.

Schließlich nähern wir uns dem Camp Saatturittuq. Hier wurde 1949 Kenojuaks zweites Kind Mary geboren. Vor einigen Jahren hatten sich Qaqaq Ashoona und seine Frau Mayureak auf Dauer in dieses Camp zurückgezogen, und hier ist Qaqaq im Herbst 1996 an Herzversagen verstorben.

Vorbei an Peter Pitseolaks ehemaligem Camp Kiaqtuuq erreichen wir mit Einbruch der Dunkelheit die Siedlung Cape Dorset.

In den folgenden Wochen sitzen wir fast jeden Abend mit Kenojuak und Jeannie in Timmuns gemütlichen Beach House und sprechen über die vergangenen siebzig Jahre. Kenojuak kommt jedesmal pünktlich zum vereinbarten Treffen; man kann die Uhr danach stellen – ein für Inuit wahrhaft untypisches Verhalten. Wir trinken Kaffee oder Tee und leeren eine Dose Gebäck nach der anderen, unterbrechen unsere Gespräche für eine Zigarettenpause in der abendlichen Kälte vor der Haustür und kehren in die mollige Wärme zurück, die der ölbeheizte Herd verbreitet. Kenojuak und Jeannie genießen sichtlich unser Beisammensein und die Gesprächsatmosphäre.

Am Ende dieser Abende rufen wir telefonisch nach dem, von unserem Freund Qiatsuq Qiatsuq, gesteuerten Taxi. Es ist das einzige in der Siedlung – ein Sammeltaxi mit Ladepritsche, auf der zumeist schon die jüngeren Fahrgäste Platz genommen haben. Kenojuak quetscht sich in den geschlossenen Fahrgastraum und winkt uns durch verschmutzte Scheiben schelmisch lächelnd zu.

Begegnung nach dem Einkaufen ▸

Wer ist Kenojuak? Begegnet man ihr auf der Straße, dann wirkt sie unauffällig, unterscheidet sich eigentlich nicht von den anderen Frauen der Siedlung. Auch deutet nichts darauf hin, daß eine international anerkannte, mit vielen Ehrungen bedachte Künstlerin vorüber geht. Bei unmittelbarer, persönlicher Begegnung aber ändert sich Wesentliches: Dann bezaubert einen ihre selbstbewußte Herzlichkeit und ihr Humor schon bei der Begrüßung. Dabei ergreift ein ganz eigentümliches warmes Strahlen Besitz von ihren Augen, mit dem sie das Erkennen ihres Gegenübers bekundet. Spätestens in diesem Augenblick ist man von der außergewöhnlichen Persönlichkeit dieser Frau gefangen. Eine solche Wirkung muß von ihr schon ausgegangen sein, als James Houston der jungen Kenojuak vor vier Jahrzehnten am Strand begegnete und von ihr so tief beeindruckt war, daß sich das noch jetzt in seinen Schilderungen widerspiegelt. Auch wir können uns diesem Charisma nicht entziehen, seit wir ihr zum ersten Mal die Hand reichen. Im näheren Umgang wird uns jedoch bald die Einseitigkeit des ersten Augenblicks bewußt; dann spiegeln sich auch ganz andere Facetten wider. Wenn sie etwa im Gespräch plötzlich ihr ganzes Temperament aufflammen läßt, gibt sie Schichten ihrer Seele preis, von denen wir nur ahnen können, welche eruptiven Kräfte dort gebändigt im Verborgenen schlummern. Bei solchen Gelegenheiten fallen auch uns die Erzählungen über ihren Vater Usuaqjuk ein, die Schilderungen seiner charismatischen Persönlichkeit und liebenswürdigen Großzügigkeit, aber auch der in seinen Tiefen schlummernden Kräfte und seines zuweilen dämonischen Temperaments.

Kenojuak erzählt uns aus ihrem Leben, einem Leben in zwei Welten, wie sie unterschiedlicher kaum sein können – in der traditionellen Welt der Inuit und der modernen Welt der Qallunaat. Sehr ausführlich sprechen wir über die letzten Jahre und ihre heutigen Gedanken. Veranlaßt durch die wachsende Bedeutung, die ihre künstlerische Arbeit gewann, unternahm sie nach Johnniebos allzu frühem Tod eine große Zahl von Reisen. Schon vor unseren Gesprächen hatten uns Freunde in Cape Dorset darauf vorbereitet, Kenojuak sei eine Künstlerin, die über große, auch internationale Erfahrung im Umgang mit Qallunaat verfüge, und sie kenne daher die Qallunaat-Welt besser, als man gewöhnlich erwarte. Dennoch überrascht es uns zu hören, wie viele Städte Kanadas, der Vereinigten Staaten, Europas und Asiens sie in den vergangenen drei Jahrzehnten gesehen hat.

Im Jahr 1976 kam es zu einem Zusammentreffen mit Jessie Oonark, der seinerzeit bedeutendsten Künstlerin von Baker Lake, in Ottawa: Damals hatten Zeichnungen der beiden Künstlerinnen Eingang in das römisch-katholische Meßbuch gefunden, und die beiden waren nun als Gäste zur kanadischen katholischen Konferenz eingeladen. Und sie berichtet uns, wie sie im Oktober 1977 mit Kananginak Pootoogook nach Toronto reiste: Der World Wildlife Fund (WWF) hatte beide beauftragt, je eine von sechs Druckgrafiken zu einem Portfolio beizusteuern, das dann in limitierter Auflage veröffentlicht wurde. Beeindruckt hat Kenojuak auch ein Flug über den Atlantik nach Rotterdam in den Niederlanden, wo sie im März 1980 an der Vernissage der Ausstellung „The Inuit Print" in Anwesenheit der niederländischen Königin teilnahm.

Wir fragen nach den wichtigsten Ereignissen der letzten Jahre. „Das Schlimmste war der Verlust meines Enkels Uqittuq vor drei Jahren. Er war ein Sohn meiner Tochter Padluq, und ich hatte ihn besonders ins Herz geschlossen. Sein Vater Salomonie ist an einem schönen Apriltag 1994 mit seiner zwanzigjährigen Freundin und dem kleinen Jungen auf dem Schneemobil zur Insel Mallikjuaq hinüber zum Jagen gefahren. Bald kam ein Wetterumsturz, und sie haben nichts mehr sehen können. Da haben sie gegen alle Regeln das Schneemobil verlassen: Salomonie wollte zu Fuß nach einem Ausweg suchen. Man fand ihn schließlich – erfroren. Das Mädchen hat den Jungen in ihren Parka gehüllt, aber es half nichts. Als man die beiden endlich aufspürte, war der Junge bereits an Unterkühlung gestorben. Das Mädchen hat überlebt. Es war ganz furchtbar für mich. Salomonie hatte mir nichts von seinem Vorhaben erzählt, sonst hätte ich es ihm wohl untersagt. Lange Zeit habe ich mich tief gegrämt und konnte den Namen des Kindes nicht aussprechen ohne zu weinen. Geholfen haben mir nur Gebete und Freunde, die um mich waren und mich trösteten. Vor allem mein Sohn Adamie war gut zu mir und brachte mir Nahrung."

Auf unsere Frage: „Hat dich dieses Unglück beeinflußt, oder hat sich gar dein Leben dadurch geändert?" erfahren wir: „Zuvor habe ich mich kaum darum gekümmert, wie andere Leute mit Schicksalsschlägen fertig werden. Seit dem Verlust meines Enkels Uqittuq ist das ganz anders. Jetzt versuche ich, anderen Menschen in traurigen Situationen genauso beizustehen, wie ich das erfahren durfte." Die anschließende Frage: „Hat sich das Unglück auch in deiner Kunst ausgedrückt und sie gar verändert?" beantwortet Kenojuak: „Ich wurde physisch beeinflußt. Auch meine Seele hat gelitten. Aber in meiner Kunst hat das keinen Ausdruck gefunden. Ich freue mich persönlich an meiner künstlerischen Arbeit – und auch an dem Geld, das ich damit verdiene, und mit dem ich meinen Enkelkindern Freude bereiten kann. Auch möchte ich, daß die anderen Menschen sich über meine Arbeiten freuen und daß sie ihnen gefallen. Aber Erfahrungen des täglichen Lebens oder Gefühle und Empfindungen drücke ich in meinen Zeichnungen nicht aus."

Wir fragen weiter: „Der Verlust deines Enkels war tragisch und belastend. Gibt es auch über ein herausragendes Erlebnis zu berichten, das du in besonders freudiger Erinnerung hast?", und Kenojuak erwidert: „Hhhmmm, das war, als ich mit meiner vierjährigen Enkelin an Weihnachten 1996 meinen Sohn Adamie und seine Familie, aber auch alte Freunde in Ottawa besuchte. Ich habe zum Beispiel Pat Ryan wiedergesehen und auch Sarah Ikummiaq. Diese war Inuktitut-Dolmetscherin auf der ‚C. D. Howe‘, als ich vom Hospital in Québec heimfuhr. Die Reise wurde zu einer wundervollen Erfahrung für mich: Ich habe die Flugreise selbst bezahlt, und wir sind zum ersten Mal ganz allein und ohne Begleitung in den Süden geflogen. Ich habe dabei bewiesen, daß ich nicht von anderen abhängig bin." Und sie fügt hinzu: „Adamie hat mich am Flughafen abgeholt. Als meine Enkelin dann die ersten hohen Bäume dort im Süden sah, staunte sie über die ‚huge plants' (die riesigen Pflanzen), doch Adamie klärte sie auf: ‚These are trees (das sind Bäume)!' Es war einfach großartig, so etwas mitzuerleben." – „Bist du glücklich, daß Adamie mit seiner Familie nun wieder nach Cape Dorset zurückgekehrt ist?" – „Hhhmmm, ich habe Adamie sehr vermißt!"

In Ottawa wurde uns später erzählt, Kenojuak habe ihrem Sohn während ihres Weihnachtsbesuchs zu verstehen gegeben, sie könne auf ihn in Cape Dorset nicht verzichten. Auch wenn sich für ihn und seine Familie in Ottawa gute berufliche Chancen abzeichneten, liege seine Zukunft in Cape Dorset. Und so ist es ja auch gekommen: Nach einem Jahr kehrte Adamie zurück.

Wir kommen auf unseren Aufenthalt in Adamies Haus zwei Jahre zuvor zu sprechen. Seinerzeit war Kenojuak auf dem Land, und nun stellt sich heraus: Sie hielt sich in Timmuns Camp Iqalurajuk auf und verbrachte eine herrliche Zeit mit dem Fischen von Wandersaiblingen. „Einmal lag ich auf dem meterdicken Eis des nahen Sees und spießte mit dem Fischspeer durch ein Eisloch einen armlangen, mächtigen Saibling auf. Doch wie sollte ich den quer zum Loch stehenden Fisch nach oben hieven? Schließlich ließ ich einen Angelhaken an der Schnur hinunter und zog so den Fisch längs durchs Loch nach oben. Das war zwar ein schönes Stück Arbeit, aber es hat sich gelohnt!"

„Und daneben hast du gezeichnet? Und auch in Stein geschnitzt?" – „Ich arbeite nur noch in Cape Dorset. Seit ich die Enkelkinder im Haus habe, aber auch schon zuvor, zeichne ich üblicherweise im Lithoshop. Da bin ich ungestört. Gelegentlich, wenn mich die Lust dazu überkommt, schnitze ich auch Steinskulpturen. Dann dient mir bei schlechtem Wetter ein kleines Leinenzelt an der Seite meines Hauses in Cape Dorset als ‚Studio‘. Sonst aber arbeitete ich im Freien am Stein." Und sie fährt fort: „Ich habe immer gern Steinschnitzereien gemacht, seit mich Saumik [James Houston] dazu anregte – das war etwa 1959. Meist entstehen dann mittelgroße Skulpturen. Vor acht Jahren (um 1989) aber mußte ich meine Hände operieren lassen. Ich bekam schreckliche Angst, daß ich nun nicht mehr würde zeichnen können. In der Tat waren meine Hände danach nicht mehr recht geeignet zum Schnitzen, aber ich konnte glücklicherweise noch zeichnen. Im vergangenen Herbst aber habe ich auch wieder mit dem Steinschnitzen angefangen und zwei große Skulpturen angefertigt. Der Stein war sehr schwer. Meine Söhne Jamasie und Arnaguq haben ihn für mich immer wieder hin- oder herdrehen müssen, und schließlich wurde er ja immer leichter." Diese Szene mit dem großen und dann allmählich kleiner und für Kenojuak handlicher werdenden Stein vor Augen müssen wir alle lachen. Kenojuak erklärt uns, sie verwende bei den Steinarbeiten am liebsten die traditionellen Werkzeuge, also Beil, Meißel und Feile, was allerdings viel Kraft koste: „Die modernen elektrischen Geräte sind mir aber zu gefährlich!" – Als wir ihn anderntags darauf ansprechen, muß Jimmy Manning leider bekennen, von diesen jüngsten Skulpturen seien vor ihrem Versand zu einer Galerie im Süden keine Fotografien angefertigt worden. So haben wir keine Chance, sie zu sehen. Bei unserer nächsten Reise nach Cape Dorset, drei Monate später, haben wir aber dann das Glück, eine ganz neue Steinskulptur, die Darstellung eines Falken, erwerben zu können (siehe S. 265).

Auf unsere weiteren Fragen erfahren wir: „Ich halte das Arbeiten mit Robbenfell oder auch das Schnitzen für leichter als das Zeichnen – der Strich mit dem Filzstift oder der Ölkreide ist immer endgültig und unveränderlich. Bei den anderen Materialien lassen sich Fehler meist ganz gut ‚ausbügeln‘. Zeichnungen sind immer sofort fixiert, selbst wenn man nur den Bleistift und einen Radiergummi benutzt."

Künstlergruppe im Printshop während einer Kaffeepause (1998) –
hinten (v. l.): Niviaqsi Quvianaqtuliaq, Chris Pudlat,
Arnaguq Ashevak, Jutai Toonoo;
vorne (v. l.): Misa Qinnuajuaq, Pitseolak Niviaqsi,
Sheojuk Itidluie, Qavavau Manumie

Kenojuak und Miaji [Mary] Pudlat
auf ihrem fast täglichen Gang zum Lithoshop (1997)

Kenojuak beim Zeichnen im Lithoshop (1997)

Miaji Pudlat (1997)
◀ Kenojuak, kleine Zigarettenpause zur Entspannung

Sheojuk Itidluie (1998)

Wenn sich Kenojuak – jetzt im Jahr 1997 – in der Siedlung aufhält, erscheint sie trotz ihres Alters von über siebzig Jahren fast täglich im Lithoshop und zeichnet. Schwarze Filzschreiber, Farbstifte und zuweilen der Bleistift sind ihre bevorzugten Mittel. Früher hat sie gelegentlich auch mit Wasserfarben gearbeitet, doch liegen sie ihr nicht so sehr. Das Ergebnis ist ihr zu unscharf. Hin und wieder entstehen unter ihrer Hand auch Radierungen.

Im Lithoshop trifft sie nicht selten mit befreundeten Künstlerinnen zusammen, mit Miaji [Mary] Pudlat etwa und mit Sheojuk Itidluie, die wie sie hier sitzen und zeichnen. Zuweilen ergibt sich auch ein Plausch mit Osuituq Ipilie und anderen Steinschnitzern, wenn sie ihre neuesten Skulpturen abliefern.

Wir fragen weiter: „Hat Johnniebo deine Arbeit beeinflußt? Ihr wart ja beim Steinschnitzen und Zeichnen meist zusammen?" – Kenojuak: „Nein, wir haben jeder für uns gearbeitet, ganz individuell. Jeder machte etwas völlig Selbständiges. Im übrigen haben mich Johnniebos Steinskulpturen nie besonders angesprochen. Oder genauer gesagt: Ich mochte nicht alle Arbeiten meines Mannes und seine Skulpturen schon gar nicht (I never liked his carvings)." – Frage: „Wie dachte denn Johnniebo über deine Arbeiten?" – Antwort: „Ich weiß es nicht; er hat sich nie dazu geäußert. Wir schauten eigentlich nie danach, was der andere machte."

„An dem Wandrelief für den kanadischen Expo '70-Pavillon habt ihr aber in Ottawa gemeinsam gearbeitet?" – „Ja, das ist wahr. Wir haben da wirklich miteinander gearbeitet. Aber da gab es Augenblicke, in denen ich dachte: ‚Warum arbeitet er denn so langsam?', und ich half ihm dann, weil ich richtig ungeduldig wurde." Sie lacht: „Mag sein, daß mein Sohn Adamie ein wenig von dieser Eigenschaft geerbt hat. Auch ihn muß man hin und wieder ein wenig drängen", mildert dann jedoch schnell ab: „Aber auch ich brauche Ruhepausen …"

Kenojuaks Pflichten und Interessen, die Aufgaben, für die sie sich verantwortlich fühlt, sind vielfältig. Sie liebt das ungebundene Leben im Camp, und wenn immer sich die Gelegenheit ergibt, aufs Land hinauszufahren, nimmt sie diese wahr. Das schmälert jedoch keineswegs ihre Freude am künstlerischen Gestalten – am Zeichnen und Serpentinitschnitzen. Die zentrale Stellung im Leben Kenojuaks nimmt jedoch nach wie vor ihre Familie ein. Sie ist Mutter und Großmutter und bei der Erfüllung dieser Aufgaben stolz darauf, wesentlich zum Familienunterhalt beizutragen. Schließlich bieten Kunst und Kunsthandwerk im Norden unverändert eine der wenigen Möglichkeiten, Werte zu schöpfen und damit Geld zu verdienen. So ist Kunst zwar nur ein Aspekt in ihrem Leben, allerdings ein sehr wichtiger. Denn ihre Kunst macht sie unabhängig und versetzt sie in die Lage, nicht nur das Heute, sondern auch die Zukunft ihrer Kinder und Enkel zu sichern. Kenojuak ist sich des Wertes von Geld durchaus bewußt. Deshalb ist sie auch allen Menschen dankbar, die an ihrem Werk Interesse haben, es bewundern und erwerben. „Ich bin überzeugt, daß die Kunstliebhaber auch nach meinem Tode über meine Kunst sprechen werden", erklärt sie uns.

Die Anerkennung von Kenojuak als Künstlerin hat sich nicht primär bei den Inuit ihrer Umgebung entwickelt, sondern auf dem Kunstmarkt im Süden. Der frühe und rasche Beifall für ihr Werk machten ihr Leben in der Siedlung in gewisser Weise sogar komplizierter: Hier erntete eine Frau, und dazu noch eine junge, rasch bemerkenswerten Ruhm. Sie kam zu Geld und überflügelte gar die Elders und nicht wenige der Männer, die sich neben dem Jagen wie sie der Kunst verschrieben hatten.

Über unsere Frage, wie viele Zeichnungen sie wohl im Laufe der Zeit angefertigt habe, denkt sie lange nach und antwortet dann: „Ich weiß es nicht – viele Hunderte, wahrscheinlich aber mehr als tausend. Ich kann es nicht sagen." Die Zahl der nach ihren Zeichnungen hergestellten Ätzungen, Steinschnitte und Lithografien läßt sich anhand der offiziellen Publikationen der West Baffin Eskimo Co-operative Ltd. genauer ermitteln: Danach war Kenojuak seit 1959 mit etwa

275 Grafiken in den sehr begehrten Jahreskollektionen der Kooperative vertreten. Da ihre Arbeiten von Museen gesucht werden und auch bei Sammlern breites Interesse finden, sind die üblichen Auflagen von 50 Exemplaren im allgemeinen rasch vergriffen und dann nur noch auf Auktionen entsprechend teuer zu erwerben. Während die von der Co-op in den Jahreskatalogen festgesetzten Preise für Kenojuak-Grafiken in letzter Zeit bei 600 bis 1.200 kanadischen Dollar liegen, wurde der als Briefmarken-Vorlage berühmt gewordene Steinschnitt „The Enchanted Owl" von 1960 (rot-schwarze Version, Auflage: 25) seinerzeit mit einem Fixpreis von 75 kanadischen Dollar versehen. Schon nach zwanzig Jahren wurden auf Kunstauktionen 10 bis 15.000 Dollar geboten. Den bislang höchsten Preis erzielte der Steinschnitt im November 2001: In Toronto wurde in dem bekannten Auktionshaus Waddington's der Versteigerungszuschlag bei einem Gebot von 51.000 kanadischen Dollar (das sind rund 36.000 Euro zuzüglich Versteigerungsgebühren) erteilt.

In den nordamerikanischen Staaten und auch in Europa und Israel fanden zahlreiche Ausstellungen von Kenojuaks Werken statt. Im „World Wide Web" des Internet lassen sich unter dem Stichwort „Kenojuak" rund 500 Eintragungen aufrufen.

Die internationale Reputation hat Kenojuaks Lebensweise indes kaum verändert. Obwohl als eine der führenden Inuit-Künstlerinnen Kanadas anerkannt, bekennt sie Jean Blodgett im Mai 1980: „Ich betrachte mich nicht eigentlich als Zeichnerin oder Künstlerin oder Bildhauerin oder was auch immer. Ich möchte das nicht über mich selbst sagen, es sei denn in Verbindung mit allem anderen, was ich tue. Ich sage: Ja, ich zeichne und bearbeite Steine, und ich mache Applikationen, Stickereien und Näharbeiten … Morgen lasse ich jedoch das alles liegen und gehe „jigging" (zum Fischen durch ein Loch im Eis). Ich mache das gern, weil es in mir schöne Erinnerungen an frühere Zeiten weckt. (…) Ich stelle keine Seite meiner Erfahrungen besonders heraus. Stickereien zu machen und hinaus aufs Land zu ziehen und all diese anderen Dinge stehen dem Künstlersein nicht nach." [36]

Uns Europäer mögen solche Aussagen einer Künstlerin ungewöhnlich vorkommen. Sie spiegeln jedoch die traditionelle Haltung der Inuit wider: Diese Menschen waren nur deshalb in der Lage zu überleben, weil sie vieles gleichzeitig beherrschten, etwa das Herstellen ihrer Ausrüstung und Bekleidung, das Errichten von Qarmait und Iglus, das Jagen, Fischen und Fallenstellen, zudem auch das Verzieren von Gegenständen des Alltags. Künstlerisches Arbeiten diente immer auch einer Funktion im profan-alltäglichen oder im übergeordneten religiösen Bereich; „l'art pour l'art" wäre ein Luxus gewesen, der im hartem Leben in der Arktis hätte tödlich sein können. Nach unserer Beobachtung ist die Haltung Kenojuaks nicht unüblich: Die Inuit ihrer und zum Teil auch der nachfolgenden Generation halten nach wie vor an ihrer traditionellen Flexibilität fest, und das mag auch erklären, warum sie künstlerischen Fähigkeiten kaum einen Vorrang einräumen, selbst dann nicht, wenn sie wesentlich zum Lebensunterhalt beitragen.

Sehr deutlich hebt Kenojuak uns gegenüber hervor, über einen eigenen künstlerischen Stil zu verfügen, den andere immer wieder zu imitieren versuchen. Selbst würde sie jedoch niemals andere Künstler kopieren. Durchaus angetan ist sie von einigen Künstlern, deren Werke sie in den frühen fünfziger Jahren in Doktor Pfeiffers Heim in Québec oder 1967 in der National Gallery of Canada kennen lernte, zum Beispiel von Henry Moore. Unter den Inuit-Künstlern schätzt sie unter anderen Kananginak Pootoogook und Peter Pitseolak, doch bedarf sie derer nicht zur Inspiration. Sie hat ein eigenes ausgeprägtes Vorstellungsvermögen. Überdies ist sich Kenojuak sehr wohl ihrer künstlerischen Kreativität und vor allem ihrer Originalität bewußt. Sie verfügt, kurz gesagt, über das, was wir als eigene Handschrift bezeichnen.

Wir fragen Kenojuak danach, welche Wünsche sie in organisatorischer Hinsicht hegt – etwa ihre Ausstellungen betreffend. „Ich weiß nicht, was ich mir wünschen soll. Ich kann mich nicht beklagen: Die Ausstellungen meiner Bilder laufen gut. Alles wird gut arrangiert, ohne daß mich Kosten belasten. Sogar meine Hotelaufenthalte werden übernommen und die Mahlzeiten, die ich einnehme. Nein, ich kann es mir nicht besser wünschen." Aufgefallen ist ihr, daß die Kunstgalerien in letzter Zeit ihre Sicherheitsmaßnahmen verstärkt haben und neuerdings sogar Wachen aufstellen. Doch enttäuscht hat sie diese Veränderung im Sicherheitsbereich nicht. Ähnliches hat sie ja auch auf den Flughäfen beobachten können und mit dem typischen Gleichmut der Inuit hingenommen.

Das läßt uns darauf zu sprechen kommen, wie sie sich die weitere allgemeine Entwicklung vorstellt. Frage: „Überall verändern sich die Lebensumstände. Wie beurteilst du die Zukunft in Nunavut, dem Land der Inuit?" – Kenojuak: „Ich befürchte, auf unser Land werden sehr schwierige Zeiten zukommen. Möglicherweise sind das sogar gefährliche Zeiten für diejenigen, die fest an Gott glauben, weil sie von Zweifeln über das, was richtig ist, befallen werden. Ich denke, die Leute werden in Zukunft weniger glücklich sein. Nur Gott kann Freude vermitteln. Dabei fällt mir der Rat ein, den mir Kiatainnaq gegeben hat, ein um 1980 verstorbener anglikanischer Laienpriester: ‚Auch wenn neue Glaubensgemeinschaften aus der Not heraus geboren werden, darfst du nicht von deiner anglikanischen Kirche abirren. Manche Leute werden sich in Religionsfragen verrückt aufführen, doch hat Gott uns gelehrt, sie nicht zu verurteilen.' "

Frage: „Durch wen und was erwartest du Schwierigkeiten?" – Kenojuak: „Ich glaube, der traditionelle Lebensstil der Inuit wird gänzlich verloren gehen, denn schon heute gibt es nur noch wenige Leute, welche die alte Lebensweise noch ganz beherrschen. Die Menschen werden darunter leiden, daß ihnen jägerisches Können fehlen wird, wenn sie hungrig sind. Und sie werden hungrig sein, weil die Preise für Nahrungsmittel und alles andere davon laufen, und die Inflation wächst und wächst. Zur Befriedigung der alltäglichen Bedürfnisse braucht man eben einen Job, und für einen guten Job bedarf es einer entsprechenden Ausbildung. Doch wir haben hier eine Menge Leute, denen es an einer Ausbildung überhaupt fehlt; oder sie haben nur eine unvollständige Aus- oder Schulbildung." Und nach einem Augenblick des Nachdenkens: „Es ist gar nicht so einfach, die Kids in der Schule zu halten. Eine meiner Nichten arbeitet nun schon lange Zeit bei der Co-op. Sie hat nur eine unzureichende Schulbildung, aber sie arbeitet gut, eben alles, was ihr Job von ihr verlangt – auch wenn es schwer fällt, Neues zu lernen. Natürlich gibt es Leute, die bei der Ausübung ihres Jobs lernen. Doch viele haben eben keinen Job, bei dem sie etwas lernen können, das es ihnen dann möglich macht, auch andere Jobs zu übernehmen. Folglich wird die Arbeitslosigkeit weiter steigen. Das wiederum wird die Leute hart treffen, die von einer geringen Sozialhilfe abhängen, nicht genug für eine Woche, geschweige denn für die Bedürfnisse eines ganzen Monats." Wieder Pause, dann meint sie: „Es kann nun einmal nicht jeder wie ich ein Künstler sein. Die Lebenshaltungskosten werden zudem immer höher, und so wird es auch vielen Künstlern schwer fallen, das Material zu beschaffen, das sie für ihre künstlerische Arbeit benötigen."

Ohne Übergang fährt sie fort: „Ein anderes Problem in der Siedlung ist der Mißbrauch von Alkohol und Drogen. Das hat seinen Grund darin, daß viele junge Menschen dem Alkohol und auch Drogen mehr zugewandt sind als der Religion. Natürlich brauchen sie Geld, um sich Alkohol und Drogen zu beschaffen." – Darauf wir: „Das Problem ist leider sehr verbreitet, doch in Cape Dorset hätten wir es nicht erwartet. Wie kommen die Drogen denn hierher?" – Kenojuak: „Ich weiß nicht, wie die Drogen hierher kommen. Aber es ist schwer, das zu kontrollieren und zu stoppen. Nein, ich frage nicht, woher die Drogen kommen – man bekommt das einfach mit. Ich brauche solche Dinge nicht zum Leben." – Wir: „Und wie stehst du selbst zum Alkohol?" – Sie: „Wenn ich irgendwo zum Essen eingeladen bin, trinke ich gern auch ein Glas Wein mit. Früher hatte ich auch alkoholische Getränke im Haus, aber da kamen manche Leute ungeladen, einfach um zu trinken. Da habe ich das abgeschafft. Im übrigen sah ich auch die Gefahr, daß man bei mir bloß wegen der Spirituosen einbrechen könnte."

Als wir abschließend die Hoffnung ausdrücken, mit der Errichtung des Inuit-eigenen Territoriums Nunavut mögen auch Eigenverantwortung und Selbstver-trauen in Zukunft wachsen, betont sie nochmals: „Eine Menge Leute werden sicher einen Weg finden, ihr Leben zufriedenstellend zu gestalten, aber ich bin sicher, das Hauptproblem dabei wird finanzieller Art sein, weil die Leute nicht genug verdienen werden, um der Inflation entgegenzutreten." Da beginnt Jean-nie zu lachen und meint im Hinblick darauf, daß Kenojuak tags zuvor eine neue Waschmaschine kaufen mußte: „Ich glaube, wenn man in die Zukunft blickt, dann wird man sich keine Waschmaschine und keinen Trockner mehr leisten können." Das wiederum läßt uns antworten: „Next time we are going to inspect the washer (nächstes Mal wollen wir die Waschmaschine inspizieren)", denn Kenojuak hat zu einem Besuch bei sich zu Hause eingeladen.

Die ersten Schneeammern sind schon zurück und zwitschern von den Telefon-leitungen herunter ihr Lied, als wir an einem Samstagnachmittag bei Kenojuak zu Gast sind. Jeannie Manning holt uns dazu ab, und wir begegnen unterwegs Kalai Adla. „Das ist der Großvater meines Babys, der Vater meines Partners", er-klärt uns Jeannie stolz. Da erinnern wir uns, daß Kenojuak uns von Kalai erzählt hat; er lebte Ende 1946 in der Nachbarschaft von Peter Pitseolaks Camp Kiaqtuuq.

Seit 1979 bewohnt Kenojuak ein im Ortsteil Itjurittuq gelegenes Haus, ihr viertes in Cape Dorset. Seinerzeit war sie mit sechs Kindern hier eingezogen; jetzt im Jahr 1997 wohnen nur noch Jamasie und Silaqqi als Singles bei ihrer Mutter. Dafür beleben Enkelkinder die Szene: Kenojuaks Tochter Padluq be-kam in ihrer Ehe drei Kinder. Ihr 1988 geborener Sohn Uqittuq ist, wie geschil-dert, vor drei Jahren ums Leben gekommen, doch ihre beiden Mädchen, 1989 und 1992 geboren, wohnen bei der Großmutter. Häufig hält sich hier auch ihr junger Enkel Taukie auf, ein heller Junge, Adoptivsohn von Adamie und Ulusie, den wir 1995 im Haus seiner Eltern kennengelernt haben. Auch bei unserem Besuch diesmal tollt er mit seinen Kusinen durchs Haus.

Padluq selbst lebt in Salluit mit einem Freund zusammen. Arnaguq und Adamie führen jeweils einen eigenen Haushalt in Cape Dorset. Pii ist verheiratet und heißt nun Pii Mark. Sie hat in Ivujivik in Nord-Québec mit vier Kindern ihr Zuhause gefunden; zwei weitere Kinder hat sie Verwandten zur Adoption gegeben.

Kenojuak berichtet mit sichtlicher Freude über die immer neuen Ehrungen, die ihr in den vergangenen zwanzig Jahren zuteil wurden, und legt auf unsere Bitte hin ihre Orden an, um sie uns voll Stolz vorzuführen, vor allem aber für ein Foto in unserem Buch (siehe S. 208). Beiläufig erfahren wir, daß ihr vor Jahren während ihrer Abwesenheit auf dem Land der „Order of Canada", ihr erster bedeutender Orden, aus dem Haus gestohlen wurde. Damals war es nicht üblich, das Haus zu verschließen. Vielleicht waren Kinder eingedrungen. Jedenfalls fand sich niemals eine Spur der Diebe. Inzwischen ist das Haus mit festen Schlössern gesichert.

1974 erfolgte die Wahl Kenojuaks in die Royal Canadian Academy of Arts und 1982 die Ernennung zum Companion to the Order of Canada. 1990 erhielt sie den Auftrag des Department of Indian Affairs and Northern Development (also des kanadischen Ministeriums für Ureinwohnerfragen), eine auf drei Exemplare limitierte Lithografie „Nunavut Qajanartuk" (Unser schönes Land) zu schaffen – zur Erinnerung an die im selben Jahr erfolgte Ratifizierung der Übereinkunft zum Inuit-Landanspruch zwischen der Tungavik Federation of Nunavut und der Regierung Kanadas.

Mit Insignien des „National Aboriginal Achievement Award" ▶

„Companion to the Order of Canada"

Temperamentvolle Erzählerin

Stolz auf ihre Enkel –
eine Tochter von Padluq und Adamies Adoptivsohn Taukie

Kenojuak 1997

Herausragende Ereignisse sind die Verleihung der Ehrendoktorwürde der Queen's University Kingston, Ontario, im Jahr 1991, zu der sie eine schwarze Robe anlegen durfte, und des Ehrendoktorats der Rechte durch die University of Toronto 1992. „Hierbei trug ich eine rote Robe mit weißen Einfassungen. Beide Male fühlte ich mich außerordentlich geehrt und stolz. Eine Nervosität wie bei der ersten Ehrung mit dem ‚Order of Canada' empfand ich bei diesen Feierlichkeiten nicht mehr", erzählt Kenojuak uns schmunzelnd.

Im selben Jahr 1992 wurde sie mit der Schaffung einer handkolorierten Lithografie „Nunavut" (Unser Land) betraut, wiederum limitiert auf drei Exemplare – für die 1993 erfolgende Unterzeichnungszeremonie des Tungavik Federation of Nunavut Settlement Agreement in Iqaluit. Es wurde ein Werk, das sich nach Form und Inhalt von ihren üblichen Arbeiten unterschied: Das kreisförmige Bild stellt das Universum der Inuit dar. In seinem Zentrum regieren Sonne und Mond, umgeben von Sternen, den ewigen Kreislauf der wechselnden Jahreszeiten, der sich im Umlauf um das Zentrum abspielt – wiedergegeben durch Menschen mit Qarmait, Iglus und Kajaks sowie durch die Tiere, die wie die Menschen im Land der Inuit leben.

Mit hochgezogenen Brauen und strahlenden Augen erzählt sie uns schließlich darüber, wie sie 1995 in Vancouver den „National Aboriginal Achievement Award" für ihr Lebenswerk (Lifetime Achievement) erhielt. Bei der Zeremonie wurde ihr eine goldene Plakette am rotem Band und eine Stele mit Inschrift überreicht. Kenojuak: „Diese Auszeichnung macht mich besonders stolz!"

Auf der Reise nach Vancouver wurde sie von Jimmy Manning begleitet. Da wir kürzlich von ihm eine lustige Begebenheit während eines gemeinsamen Fluges mit Kenojuak gehört haben, kommt uns der Gedanke, das habe sich womöglich auf der Vancouver-Reise zugetragen. Doch Kenojuak winkt ab: „Nein, nein, das war viel früher – 1990." Dann erzählt sie uns die Geschichte, wie sie

sie erlebte: „Jimmy und ich kamen aus den Vereinigten Staaten zurück. Wir waren in Toronto angekommen und bestiegen ein Flugzeug, das uns nach Ottawa bringen sollte. Ich habe mich ganz auf Jimmy verlassen, denn er ist viel erfahrener im Reisen als ich. Er kann mit den Leuten auch englisch sprechen und sich verständigen, ich ja nicht. Kurzum, wir betraten das Flugzeug, aber wir sahen außer uns überhaupt keine anderen Leute einsteigen. Dabei war das ein riesiges Düsenflugzeug mit vielen Sitzplätzen. Als wir uns darin umschauten, waren nur Jimmy und ich an Bord. Da mußte etwas nicht in Ordnung sein – über hundert Plätze und nur wir zwei Passagiere. Vielleicht flog das Flugzeug gar nicht? Dann kam eine Stewardeß auf uns zu, und Jimmy fragte sie, ob wir hier richtig seien. Sie sagte ganz einfach: ‚Ja!‘ Alle Leute hatten schon die vorherige Maschine genommen, und so sind wir ganz allein nach Ottawa geflogen."

Auf dem Heimweg amüsieren wir uns noch immer bei dem Gedanken, wie Kenojuak und Jimmy sich auf diesem Flug gefühlt haben mußten.

Wenige Tage danach endet unser Aufenthalt in Cape Dorset. Zum Abend vor unserem Abflug hat sich Jimmy Manning „after dinner" (nach dem Abendessen) zu Besuch in unserem Beach House angesagt. Das ist ein traditioneller Brauch, den wir hoch zu schätzen wissen. Denn für Inuit gilt das als Ehrung des Gastgebers – anders als bei uns, wo man durch Einladung ehrt. Mit Jimmy kommen seine Frau Pitseolala und sein kleiner Sohn sowie – von uns nicht erwartet und desto freudiger begrüßt – Kenojuak. Sie wollen es sich nicht nehmen lassen, ihre Freunde offiziell zu verabschieden. Pitseolala hat in der Frühe, bevor sie zum Dienst im Gesundheitszentrum aufbrach, Apfel- und Kirschpastete gebacken und als Abenddessert mitgebracht. Auch das ein guter Brauch.

Jimmy will verständlicherweise wissen, wie wir mit der Arbeit vorangekommen sind. Wir zeigen ihm unsere Tonbandkassetten und Notizen, und ich sage lachend zu ihm: „Du siehst, eigentlich fehlt mir nur noch ein Schlußwort – vielleicht von Kenojuak." Da entgegnet er: „Wie wär's, wenn du ihr Vorwort zu unserem Katalog von 1993 zitieren würdest?"

KINNGAIT:
SECHS JAHRE SPÄTER

Frühjahr 2003: Seit den Gesprächen, die Kenojuak, Jeannie, meine Frau und ich in den Monaten April und Mai 1997 des Abends im Beach House geführt haben, sind sechs Jahre vergangen, und wir haben Cape Dorset währenddessen immer wieder besucht und an manchen Geschehnissen in dieser Gemeinde teilgenommen. Zwischenzeitlich ist Kenojuak ein weiteres Mal umgezogen; sie wohnt jetzt in unmittelbarer Nähe von Adamie und Ulusie.

Wie seit Jahr und Tag fliegen Raben, neben Eulen ein beliebtes Motiv Kenojuaks, über die Siedlung und setzen sich auf die Masten der Stromleitungen. Neu sind dagegen Kinderwagen, die von jungen Müttern über die staubigen Straßen des Orts geschoben werden.

Noch immer sind Selbsttötungsrate und Zahl der Unfalltoten unverhältnismäßig hoch. Aus unserem unmittelbaren Bekanntenkreis nahm sich 1995 der angehende Künstler Willie Tunnillie (17) das Leben. Inzwischen haben sich 1998 Qiatsuq Shaa (27), ein Sohn von Aqjangajuk Shaa, und im darauf folgenden Jahr Nuvualia Alariaq (43), ein Neffe Kenojuaks, erhängt, beide sehr begabte und vielversprechende Künstler. Im Serpentinsteinbruch im Korok Inlet fiel Utani Parr, der 22jährige Sohn von Nuna Parr und ebenfalls angehender Künstler, einem Unfall zum Opfer.

Aus dem Kreis der Freunde Kenojuaks starben 1999 Abraham Etungat und Sheojuk Itidluie, 2000 folgten Latchaolassie Akesuk, Iyola Kingwatsiak und Manumie Shaqu (Ulusie Ashevaks Großvater), 2001 Miaji [Mary] Pudlat und im Frühjahr 2002 schließlich Kalai Adla.

Ein halbes Jahr zuvor, am 1. September 2001, hatte Kalai noch den Tod seines 44jährigen Sohnes Davidee erleben müssen. Er starb an inneren Verblutungen durch drei Messerstiche, die ihm seine Lebenspartnerin, unsere Dolmetscherin Jeannie Manning, zugefügt hatte. Elf Jahre lang waren die beiden ein Paar, und Davidee hatte Jeannie, wie Zeugenvernehmungen während der Gerichtsverhandlungen ergaben, in all den Jahren immer wieder schwer mißhandelt und auch sexuell mißbraucht. Nun hatte sich Jeannie offenbar nicht mehr anders zu helfen gewußt und mit einem Küchenmesser auf ihn eingestochen. Ihre Tat wurde als Totschlag gewertet und am 23. April 2003 mit drei Jahren Gefängnis geahndet.

Kenojuak aber erfuhr in den letzten sechs Jahren immer neue Ehrungen: Aus Anlaß der Errichtung des Territoriums Nunavut am 1. April 1999 wurde eine 25-Cent-Münze mit dem Motiv „Eule und Polarbär" herausgegeben (siehe S. 261), für welche die Künstlerin den Auftrag zum Entwurf erhielt. Von Dorset Fine Arts wurde aus demselben Anlaß ein von Kenojuak entworfenes Diptychon „Siilavut, Nunavut" (Unsere Umwelt, unser Land) in 99 Exemplaren aufgelegt.

Das Jahr 2001 brachte Kenojuak eine besonders ehrenvolle Anerkennung ihrer künstlerischen Arbeit: Sie wurde als erste und bislang einzige Vertreterin bildender Inuit-Kunst in „Canada's Walk of Fame" (Kanadas Ruhmespromenade) in Toronto aufgenommen.

Im Jahr 2000 präsentieren Kenojuak und Jimmy Manning gemeinsam ihre Werke bei der Inuit-Kunst-Ausstellung „Arctic Spirit" an der Boise State University Idaho, USA, und im April 2002 nimmt die Künstlerin an der Eröffnung der Ausstellung „Kenojuak Ashevak: To Make Something Beautiful" (Etwas Schönes gestalten) in der National Gallery of Canada, Ottawa, teil.

Raben – für Kenojuak ein beliebtes Motiv ▶

216

Junge Frau mit Baby im Amautiq und Kleinkind im Kinderwagen
(Kinderwagen sind nun immer öfter in arktischen Siedlungen zu sehen)

Nach wie vor ist Kenojuak voll Kreativität, und ihre Arbeiten nehmen in den Jahreskollektionen der West Baffin Eskimo Co-op auch in den vergangenen Jahren eine wichtige Position ein. Daneben arbeitet sie gelegentlich sogar an Sonderentwürfen für ausgefallene Produkte des Kunsthandwerks, etwa eine wollene Decke „Arctic Owl Blanket" (205 x 165 cm), welche die Firma Pendleton Blankets 2002 in einer limitierten Auflage von 500 Stück auf den Markt brachte.

Vor sechs Jahren hatte Jimmy Manning auf meine Überlegung, ein Zitat von Kenojuak als Schlußwort zu zitieren, geantwortet: „Wie wär 's, wenn du ihr Vorwort zu unserem Katalog von 1993 zitieren würdest?" Ich habe jenes Vorwort dann in die 1. Auflage des vorliegenden Buches aufgenommen. Heute lese ich es ein weiteres Mal und bin erstaunt, wie aktuell es auch nach zehn Jahren noch ist.

Kenojuaks Ausführungen seien deshalb auch jetzt wieder abschließend zitiert[37]: „Noch brennt das Licht in den Druckwerkstätten in Cape Dorset. Wie erinnerlich war ich eine der Ersten, die mit dem Zeichnen anfingen – nur mit Bleistiften. Oh, es war so schwer, an Farbstifte zu kommen in diesen wundervollen Jahren. Ich erinnere mich noch gut daran, wie ich die ersten Farbstifte zu sehen bekam. Ich denke, eines der Mädchen erhielt sie von der Schule. Sie brachten einen guten, ungewöhnlichen Geruch in unser kleines Qarmaq. Bevor ich überhaupt an Zeichnen dachte, hatte ich schon die kleinen Blumen sehr gern, die während unserer sehr kurzen Sommer aus der Erde hervorkommen.

Ich werde nie vergessen, wie ein bärtiger Mann namens Saumik [der Linkshänder, James Houston] mich dazu brachte, etwas auf einem Stück Papier zu zeichnen. Mein Herz bekam ein Gewicht wie ein schwerer Felsbrocken. Ich nahm die Papierbogen mit in mein Qarmaq und begann mit Hilfe von Johnniebo, meiner Liebe, Zeichen auf das Papier zu bringen. Als ich erstmals ein paar Linien zog, lächelte er mich an und sagte: ‚Inumn‘, was so viel wie ‚Ich liebe dich‘ bedeutet. In diesem Augenblick wußte ich: Er fühlte tief in seinem Herzen und schrie es hinaus, daß ich mein Bestes versuchte, etwas auf dem Papier auszudrücken, das zur Ernährung unserer Familie beitrug. Ich schätze, ich dachte an die Tiere und die schönen Blumen, die unser herrliches, unberührtes Land bedecken.

Ich arbeite auf Papier, und manchmal schnitze ich auch in Stein, seit dreißig langen Jahren. Diese Tage scheinen einen weiten Weg entfernt zu sein. Es scheint, als ob mir die Gedanken ausgehen. Unser Gemeindeleben hat sich wesentlich verändert. Wenn ich Zeichnungen zur Co-op bringe, sage ich mir oft, daß ich keine Ideen mehr habe, doch Jimmy [Jimmy Manning] erzählt mir immer wieder, nichts sei verloren, und daß es noch weitere Gedanken und Ideen gäbe, die ich bislang noch nicht verarbeitet hätte.

Pudlo [Padluq Pudlat] ist dieses Jahr gestorben. Er hatte immer verschiedene Ideen und zeichnete Bilder, die das sich um uns herum ändernde Leben einfingen. Mayoreak [Mayureak Ashoona] gibt in ihren Zeichnungen nach wie vor die frühere Lebensweise wieder. Sie und Soroseelutu [Sorosilutu Ashoona] führen das ganze Jahr über ein mehr traditionelles Leben draußen im Camp. Simeonie [Simionie Quppapik] ist mittlerweile das älteste Mitglied unserer Gemeinde [auch er ist noch 1993 verstorben]; von ihm befinden sich drei Drucke in der Kollektion. Wenn ich mich umschaue, wer denn noch zeichnet, dann fühle ich mich wie beim Babysitten: darauf wartend, daß die Weggegangenen zurückkehren. Zu wissen, daß sie nicht wiederkommen, läßt das Gefühl entstehen, das Licht werde kleiner und kleiner.

Kavavau [Qavavau Manumie] ist einer der jüngeren Künstler, die sehr hart arbeiten. Ich würde sehr gern den jüngeren heranwachsenden Kindern nahe bringen, daß auch sie sich intensiv darum bemühen sollten, auf Papier zu zeichnen. Ich denke, das Zeichnen läßt sich heute viel leichter erlernen, weil die notwendigen Materialien verfügbar sind und man gut üben kann.

Wir preisen uns ein weiteres Mal glücklich, mit einer Kollektion herauszukommen. Wir haben mit den Printmakers hart gearbeitet, und wir haben allen zu danken, die mitgewirkt haben.

Das ist alles, was ich zu sagen habe. Nakoumik, merci, thank you (danke schön).“

„Etwas Schönes gestalten"

Persönliche Auswahl aus Kenojuaks Werken

Composition (Komposition)
Radierung (1967)

Birds and Foliage (Vögel und Blattwerk)
Steinschnitt (1970)

Hunter on komatiq (Jäger auf dem Hundeschlitten)
Steinschnitt (1976)

Guardian Owl (Wächtereule)
Lithografie (Portfolio 2; 1980)

Owl at the Centre (Eule im Mittelpunkt)
Lithografie (Portfolio 2; 1980)

Spirit of the Owl (Geist der Eule)
Lithografie (Portfolio 2; 1980)

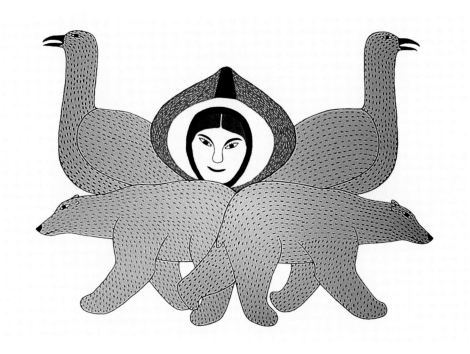

Days on the Coast (Tage an der Küste)
Lithografie (Portfolio 2; 1980)

Colourful Sentinel (Bunter Wächter)
Lithografie (Portfolio 2; 1980)

World Around Me (Welt um mich her)
Lithografie (Portfolio 2; 1980)

A Bird in Danger (Ein Vogel in Gefahr)
Lithografie (1983)

Protective Birds (Schützende Vögel),
Steinschnitt & Schablonenabzug (1985)

Migrating Birds (Vogelzug), Lithografie (1986)

Animals of Land and Sea (Tiere des Landes und des Meeres),
Steinschnitt & Schablonenabzug (1991)

Comparing Braids (Zöpfe vergleichend), Steinschnitt (1993)

Birds Braid Woman's Hair (Vögel flechten einer Frau das Haar),
Lithografie (1994)

Inland Birds (Binnenlandvögel)
Steinschnitt (1994)

Ravens Atop Qarmaq (Raben auf dem Dach eines Qarmaqs),
Lithografie (1994)

Akkunnigani Timmiat [In Amongst the Birds] (Unter Vögeln),
Lithografie (1995)

Qimmuija [Like a Dog] (Wie ein Hund), Steinschnitt (1996)

▲ Iqqaluiit [School of Fish] (Fischschule), Lithografie (1996)
◄ Shore Bird's Descent (Küstenvogels Landung), Steinschnitt (1996)

▲ Uppiit [Owls] (Eulen), Lithografie (1996)
Small Tundra Bird (Kleiner Tundravogel), Steinschnitt (1996) ▸

247

Issharulik [Head with Wings] (Kopf mit Schwingen),
Steinschnitt (1996)

Issharulik [Head with Wings] (Kopf mit Schwingen),
Steinschnitt (1996) – mit Serpentinschieferplatte

Arctic Assembly (Arktische Zusammenkunft), Lithografie (1996)

Tidal Spirit (Gezeitengeist), Radierung (1996)

ohne Titel, Farbstiftzeichnung (CD 0402594 ABD – 1996/97)

Guardian Owl (Wächtereule), Aquatintaradierung (1997)

Owl's Domain (Der Eule Sphäre), Steinschnitt (1997)

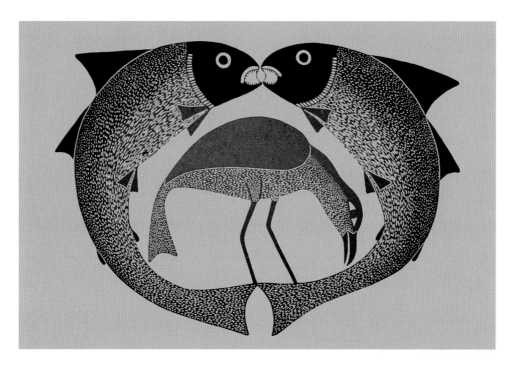

Cod Fish Encircle Bird (Dorsche umzingeln Vogel),
Steinschnitt (1997)

Aoujalik [Moulting Bird] (Vogel in der Mauser),
Steinschnitt (1997)

Spirit of the Sun (Geist der Sonne), Aquatintaradierung (1998)

▲ Reminiscence (Erinnerung); Steinschnitt
(gedruckt 1999, gezeichnet 1962)
◀ Siilavut, Nunavut (Unsere Welt, unser Land), Lithografie (1999)

Rabbit Eating Seewead II (Seetang fressender Eishase II),
Aquatintaradierung (1999)

Timia quviasutisivappu uvannik [Birds make me happy]
(Vögel machen mich glücklich), Aquatintaradierung (2000)

▲ The Enchanted Owl (Die verzauberte Eule), 1. Briefmarke von 1970
(nach einem Steinschnitt von 1960)
The Owl (Die Eule), 3. Briefmarke von 1993 ▶
(nach einer Zeichnung von 1969)

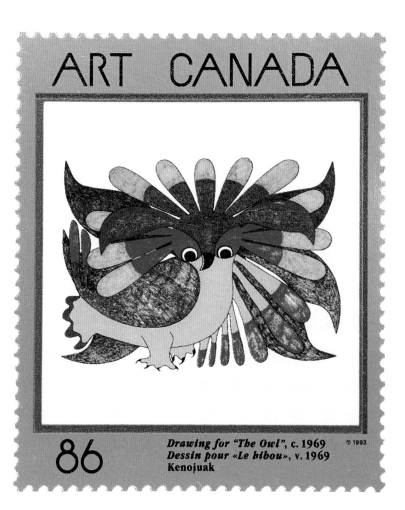

ART CANADA

86

Drawing for "The Owl", c. 1969
Dessin pour «Le hibou», v. 1969
Kenojuak

© 1993

Owl and Polar Bear (Eule und Polarbär), Münze von April 1999,
signiert „Kinuajua"

Falcon (Falke), Serpentinit-Skulptur (1997)

ANHANG

ANMERKUNGEN

1 Pitseolak, Peter & Eber, Dorothy H.: „People from Our Side" (Edmonton 1975) S. 49

2 ebd. S. 118 ff.

3 ebd. S. 119 ff.

4 ebd. S. 92 ff.

5 d. i. Annie Qimmaluq, Aggeoks Großmutter mütterlicherseits

6 d. i. Kaniak, Aggeoks Großmutter väterlicherseits

7 Pitseolak, Peter & Eber, Dorothy H.: „People from Our Side" (Edmonton 1975) S. 27 ff.

8 ebd. S. 75

9 Bei den auf Baffin Island vorkommenden Füchsen handelt es sich zwar zoologisch nur um die beiden Arten Rotfuchs (Vulpes vulpes) und Arktischer Fuchs (Alopex lagopus). Der Rotfuchs kommt jedoch in den drei Varianten Rot-, Kreuz- und Silber- oder Schwarzfuchs vor (Abb. eines Kreuzfuchses S. 80), und der Arktische Fuchs ist das einzige Mitglied der Candidenfamilie, dessen Pelzfarbe vom Sommer zum Winter von Braun nach Weiß wechselt. Innerhalb der Winterphase des Arktischen Fuchses bildet sich überdies zu etwa einem Prozent der Population eine blaue Variante (von Grau bis Schwarz-Blau) aus.

10 Einzelheiten über Qimuakjuks Schicksal sind in Eber, Dorothy H.: „When the Whalers were Up North" (Montréal 1989) festgehalten. Über das weitere Geschick von Alainga schweigen sich die verfügbaren Quellen jedoch aus.

11 Bannock ist eine Art Fladenbrot, ein verhältnismäßig flaches, ungesäuertes, recht schmackhaftes Weißbrot. Bei seiner Zubereitung wird zunächst eine Bratpfanne kräftig erhitzt und darin viel Schweineschmalz zerlassen. Danach wird der aus Mehl, Fett, wenig Wasser und Treibmitteln vorbereitete Teig eingetragen und das Ganze unter Zugabe weiterer Schmalzmengen auf beiden Seiten goldbraun gebacken.

12 Pitseolak, Peter & Eber, Dorothy H.: „People from Our Side" (Edmonton 1975) S. 133 ff.

13 ebd. S. 141

14 Norman J. Macpherson: „Dreams and Visions" (Yellowknife 1991) S. 71 ff.

15 James Houston hat die Reise detailliert in seinen „Confessions of an Igloo Dweller" (Toronto 1995) beschrieben.

16 Kenojuak erinnert sich der Namen Mialia, Isaacie und Natsiapik.

17 Die phonetische Schreibweise des Inuktitut mit Syllabismen (siehe S. 108 - 109) wurde von Missionaren, vor allem von Edmund J. Peck, nach 1876 bei den Inuit der Ostarktis eingeführt (ursprünglich wendeten die Cree-Indianer solche Schriftzeichen an). Lange bevor sich in der östlichen Arktis Schulen etablierten, waren etwa 90 Prozent der Inuit in der Lage, Inuktitut syllabisch zu lesen und zu schreiben. Seit einigen Jahrzehnten findet daneben auch zunehmend die phonetische Schreibweise mit lateinischen Buchstaben Anwendung.

18 Houston: „Confessions of an Igloo Dweller" (Toronto 1995) S. 263 ff.

19 Die Charakterisierung der von den Inuit für künstlerische Arbeiten verwendeten Steinmaterialien als „Speckstein" bedarf einer Klarstellung. Speckstein, mineralogisch Steatit, stellt ein ungewöhnlich weiches Material dar, das u. a. zur Herstellung von Talk und Schneiderkreide dient, und ist daher für die Herstellung von Skulpturen ungeeignet. Verwendet werden vielmehr der härtere „Schlangenstein" (Serpentin) und der Serpentinschiefer (Serpentinit). Bei allen drei Mineralien handelt es sich um Magnesiumsilikate. Daneben finden aber auch andere Gesteinsarten wie Marmor (Calziumcarbonat) Anwendung. Am vielseitigsten einsetzbar haben sich Serpentin und Serpentinit erwiesen, da diese Rohstoffe sich zu fast jeder Größe und Gestalt verarbeiten lassen. Die erzielbaren Farbtöne reichen vom stumpfen Grau bis zu dem wie Halbedelstein wirkenden Grün, Blaugrün und Schwarz. Derartige Färbungen entstehen dadurch, daß in der Mineralstruktur einzelne Magnesiummoleküle durch zweiwertige Eisen-, Mangan- und Nickelmoleküle und einzelne Siliziummoleküle durch solche von dreiwertigem Eisen und Aluminium ersetzt sind.

20 Vgl. Blodgett: „Kenojuak" (Toronto 1985) S. 32

21 Eber (Hrsg.): „Pitseolak: Pictures out of my life" (Seattle 1971)

22 a. a. O. S. 266 ff.

23 Siehe Houston: „Confessions of an Igloo Dweller" (Toronto 1995) S. 267; die entsprechende Druckgrafik ist bei Blodgett: „Kenojuak" (Toronto 1985) S. 80 (Abb.1), ferner bei Eber: „In Cape Dorset We Do It This Way" (Kleinburg 1991) S. 24 und bei Hoffmann: „Im Schatten der Sonne – Zeitgenössische Kunst der Indianer und Eskimos in Kanada" (Stuttgart 1988) S. 537 dokumentiert.

24 Die Kollektion 1990 enthielt z.B. nur zwei Grafiken mit Wolfsdarstellungen.

25 Blodgett: „Kenojuak" (Toronto 1985) S. 35

26 ebd. S. 37

27 James Houston: „Arts of the Eskimo: Prints" (Montréal 1974) – Introduction S. 7

28 Die Schneemobile (Snowmobiles) werden meist als „Skidoo" bezeichnet, auch wenn es sich nicht um diesen Typ selbst, sondern um ein Polaris- oder Yamaha-Modell handelt: Joseph-Armand Bombardier baute 1922 das erste Schneemobil und nannte es „Ski-Dog"; ein typografischer Fehler ließ daraus „Skidoo" entstehen.

29 Das ATV (All-Terrain Vehicle) ist ein meist vierrädriger, allradbetriebener Motorroller und heute überall in der Arktis verbreitet. In den sechziger Jahren kamen zunächst normale Motorräder nach Cape Dorset, denen bald motorisierte Dreiräder folgten; wegen deren Unfallhäufigkeit wurden dann die vierräd-rigen ATVs eingeführt.

30 Der Film erhielt als „bester Kurzfilm" 1964/65 den „British Academy Award".

31 Später bewohnte der bekannte Künstler Kiugak Ashoona eine Zeitlang (bis Ende der 90er Jahre) dieses Haus.

32 Der volle Name lautet Kenojuak Udluriak Amaruq Siaja Ashevak – Amaruq war ihre Urgroßmutter, die Mutter von Alariaq; Udluriak war eine Schwester ihres Vaters, und Siaja ist ihr Taufname. „Kenojuak" ist die englische Version ihres eigentlichen Namens „Kinuajua" oder „Qinnuajuaq". Da die Künstlerin als „Kenojuak" bekannt wurde, legt sie Wert auf diese Schreibweise ihres Namens.

33 Mit „old days" umschreiben die Inuit die Zeit vor dem Umzug in die festen Häuser der Siedlungen.

34 „Old way of life" ist die Lebensweise der Inuit vor dem Umzug aus den Camps in die Siedlungen.

35 Siehe hierzu den Bericht von Peter Pitseolak in „People from Our Side" (Edmonton 1975) S. 40 ff.

36 Blodgett: „Kenojuak" (Toronto 1985) S. 74

37 Katalog „1993 Cape Dorset – Annual Graphics Collection"

ZEITTAFEL

1927	Kenojuaks Geburt im Camp Ikirasaq (Anfang Januar; amtliches Datum jedoch 3. Oktober)
1928	Geburt des Bruders Adamie / Übersiedlung nach Pujjunnaq (Mansel Island)
1931	Ermordung von Kenojuaks Vater Usuaqjuk (Winter 1930/31) / Rückkehr nach Sikusiilaq in das Camp Sapujjuaq / Kenojuak lebt hier (mit Unterbrechungen) bis 1946 bei ihrer Großmutter Quitsaq
1935	Heirat von Kenojuaks Mutter Silaqqi mit Tapaungai
1937 - 1946	Vorübergehende Aufenthalte im Camp Igalaalik bei ihrer Mutter
1946	Tod von Silaqqis 2. Ehemann Tapaungai / im Sommer Heirat von Kenojuak mit Johnniebo (kirchliche Trauung im Winter 1948/49) / kurzer Aufenthalt in einem Camp an der Saqbak Bay / Umzug in Peter Pitseolaks Camp Kiaqtuuq
1947	Havarie des Versorgungsschiffs „Nascopie" (21. Juli) / Heirat von Kenojuaks Mutter Silaqqi mit Nuvualia / Geburt von Kenojuaks erstem Kind, dem Sohn Jamasie

1948	Tod von Kenojuaks Großmutter Quitsaq
1949	Umzug in das Camp Saatturittuq / Geburt von Kenojuaks Tochter Mary
1950	Einrichtung von Schule und Krankenstation in Cape Dorset
1951	Ankunft von James und Alma Houston in Cape Dorset / Umzug von Johnniebo und Kenojuak in das Camp Qarmaaqjuk / Geburt von Kenojuaks Sohn Qiqituk, zur Adoption an Latchaolassie und Saimaijuk Akesuk weggegeben (1952 verstorben)
1952 - 1955	Aufenthalt Kenojuaks in einem Tuberkulose-Hospital in Québec City
1953	Tod von Kenojuaks Kindern Jamasie und Mary / Bau einer anglikanischen Kirche unter der Führung von „Eskimo King" Pootoogook
1955	Heimkehr Kenojuaks nach Sikusiilaq (Camp Kangiaq) / Beginn kunsthandwerklichen Arbeitens mit Alma Houston
1956	Geburt von Arnaguq (24. November) als Sohn von Aggeak und Sheorak Petaulassie, durch Johnniebo und Kenojuak adoptiert

1957	Beginn der Herstellung von Kunstgrafik in Cape Dorset /
	Tod von Johnniebos Mutter Kalluaqjuk /
	Rückkehr in Peter Pitseolaks Camp Kiaqtuuq /
	Geburt des Sohnes Kalluaqjuk,
	zur Adoption an Abraham und Ityguyakjuaq Etungat
	weggegeben (1958 verstorben)
1958	1. Druckgrafik Kenojuaks – „Rabbit Eating Seaweed"
1959	Geburt des Sohnes Adamie (24. Juli);
	erste Zeichnungen Kenojuaks auf Papier
1960	Umzug in das Camp Itilliaqjuk /
	Ankunft von Terry Ryan (Nachfolger James Houstons)
1961	Geburt der Tochter Aggeok, kurze Zeit später verstorben /
	Alma Houston verläßt Cape Dorset mit ihren Kindern
1962	Adoption des Jungen Ashevak (Mutter Nee Itulu),
	wenige Monate später verstorben /
	James Houston verläßt Cape Dorset /
	Filmaufnahmen für „Eskimo Artist – Kenojuak" /
	erste Kupfergravuren Kenojuaks und Johnniebos
1963	Geburt der Tochter Elisapie Qiqituk,
	am folgenden Tag verstorben

1965	Geburt von Pii (19. Februar), der Tochter von Ijitsiaq [Eegeetsiak] und Nitani Peter, durch Johnniebo und Kenojuak adoptiert / Geburt der eigenen Tochter Padluq (11. Oktober)
1966	Übersiedlung von Johnniebo und Kenojuak nach Cape Dorset / Geburt des Sohnes Qiatsuq (27. Dezember), zur Adoption an Aggeak und Timangiak Petaulassie weggegeben
1967	Geburt von Jamasie (4. Mai) als Sohn von Aggeak und Timangiak Petaulassie, durch Johnniebo und Kenojuak adoptiert / Verleihung des „Order of Canada" an Kenojuak in Ottawa (24. November)
1969	Arbeit von Kenojuak und Johnniebo in Ottawa an einem Wandrelief für den kanadischen Pavillon bei der Expo '70 in Osaka
1970	Geburt der Tochter Silaqqi (24. Januar) / Reise nach Osaka / Johnniebo und Kenojuak wählen Familiennamen Ashevak / Kenojuaks Grafik „The Enchanted Owl" von 1960 bildet das Motiv für eine 6-Cent-Briefmarke zum 100jährigen Bestehen der Nordwest-Territorien

1971	1. Reise nach Halifax mit Johnniebo / Aufgabe der letzten permanenten Camps in der Sikusiilaq-Region
1972	Tod von Johnniebo (8. September)
1973	Verbindung zwischen Kenojuak und Ityguyakjuaq Pii
1974	Wahl in die Royal Canadian Academy of Arts / 2. Reise nach Halifax
1976	Zusammentreffen mit Jessie Oonark in Ottawa (Gast der kanadischen katholischen Konferenz)
1977	Tod von Ityguyakjuaq Pii (21. Juni); / Reise mit Kananginak Pootoogook nach Toronto zum World Wildlife Fund
1979	Verbindung von Kenojuak mit Igiuk Joannassie; einzelne Familien aus Cape Dorset versuchen die ganzjährige Rückkehr in Camps
1980	Reise nach Rotterdam (Niederlande) zur Vernissage von „The Inuit Print" / Kenojuaks Grafik „The Return of the Sun" von 1961 bildet das Motiv für eine 17-Cent-Briefmarke der Canadian Post Office Inuit-Briefmarkenserie

1981	Tod von Igiuk Joannassie

1982	Ernennung zum „Companion to the Order of Canada"

1990	Tod des Bruders Adamie Alariaq

1991   Verleihung der Ehrendoktorwürde durch die juristische Fakultät
der Queen's University Kingston, Ontario
Reise nach Seoul, Süd-Korea, zur
Vernissage einer Skulpturen- und Druckgrafik-Ausstellung

1992   Verleihung der Ehrendoktorwürde durch
die juristische Fakultät der University of Toronto

1993   Kenojuaks Grafik „The Owl" von 1969 bildet das Motiv
für eine 86-Cent-Briefmarke der „Art Canada"-Serie

1994   Verlust des Enkels Uqittuq (Sohn der Tochter Padluq) /
Einladung zur Eröffnung der Ausstellung „Arctic Spirit –
35 Years of Canadian Inuit Art" im Frye Art Museum in
Seattle, WA, USA /
Teilnahme an der Eröffnung von „Isumavut – The Artistic
Expression of Nine Cape Dorset Women" in Ottawa

1995   Verleihung des „National Aboriginal Achievement Award"
(Lifetime Achievement) in Vancouver

1996   1. selbständige und selbst bezahlte Reise nach Ottawa

1999	Ausgabe einer 25-Cent-Münze mit einem Motiv von Kenojuak „Eule und Polarbär" aus Anlaß der Errichtung des Territoriums Nunavut am 1. April 1999 / Herausgabe eines Diptychons „Siilavut, Nunavut" (Unsere Umwelt, unser Land) aus demselben Anlaß durch Dorset Fine Arts in einer Auflage von 99 Exemplaren
2000	Werk-Präsentationen, gemeinsam mit Jimmy Manning, bei der Inuit-Kunst-Ausstellung „Arctic Spirit" an der Boise State University Idaho, USA
2001	Aufnahme in „Canada's Walk of Fame" in Toronto
2002	Teilnahme an der Eröffnung der Ausstellung „Kenojuak Ashevak: To Make Something Beautiful" in der National Gallery of Canada, Ottawa

FAMILIENÜBERSICHTEN

Kenojuak

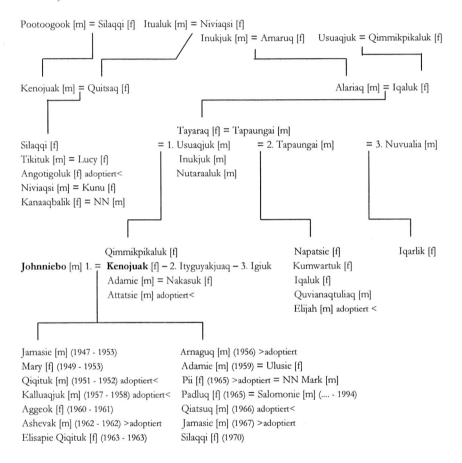

Pootoogook [m] = Silaqqi [f]   Itualuk [m] = Niviaqsi [f]

Inukjuk [m] = Amaruq [f]   Usuaqjuk = Qimmikpikaluk [f]

Kenojuak [m] = Quitsaq [f]   Alariaq [m] = Iqaluk [f]

Tayaraq [f] = Tapaungai [m]

Silaqqi [f]   = 1. Usuaqjuk [m]   = 2. Tapaungai [m]   = 3. Nuvualia [m]
Tikituk [m] = Lucy [f]   Inukjuk [m]
Angotigoluk [f] adoptiert<   Nutaraaluk [m]
Niviaqsi [m] = Kunu [f]
Kanaaqbalik [f] = NN [m]

Qimmikpikaluk [f]   Napatsie [f]   Iqarlik [f]
Johnniebo [m] 1. = **Kenojuak** [f] – 2. Ityguyakjuaq – 3. Igiuk   Kumwartuk [f]
Adamie [m] = Nakasuk [f]   Iqaluk [f]
Attatsie [m] adoptiert<   Quvianaqtuliaq [m]
                                                     Elijah [m] adoptiert <

Jamasie [m] (1947 - 1953)   Arnaguq [m] (1956) >adoptiert
Mary [f] (1949 - 1953)   Adamie [m] (1959) = Ulusie [f]
Qiqituk [m] (1951 - 1952) adoptiert< Pii [f] (1965) >adoptiert = NN Mark [m]
Kalluaqjuk [m] (1957 - 1958) adoptiert< Padluq [f] (1965) = Salomonie [m] (.... - 1994)
Aggeok [f] (1960 - 1961)   Qiatsuq [m] (1966) adoptiert<
Ashevak [m] (1962 - 1962) >adoptiert Jamasie [m] (1967) >adoptiert
Elisapie Qiqituk [f] (1963 - 1963)   Silaqqi [f] (1970)

Johnniebo

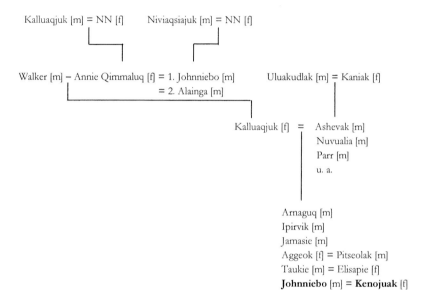

Zeichenerklärung:

= ~ verheiratet
– ~ Verbindung ohne Heirat
>adoptiert ~ adoptiert von anderen Eltern her
adoptiert< ~ zur Adoption an andere Eltern abgegeben

Personen-Register

Die Schreibweise der Namen in dieser Aufstellung orientierte sich an der syllabisch-phonetischen Formulierung der Inuit und folgte damit dem heute gültigen Verfahren, Inuktitut mit lateinischen Buchstaben zu schreiben. Diejenigen Namen, die unter der ehemals üblichen englisch beeinflußten Schreibweise besonders bekannt sind, wurden in [...] beigefügt. Unverändert blieben Namen, deren Inhaber ausdrücklich Wert auf die Beibehaltung der englischen Version legten oder deren Bekanntheitsgrad nur auf dieser englischen Schreibweise beruht (z.B. Kenojuak); in solchen Fällen wurde die neue Schreibweise in [...] angefügt.

Adamie: siehe unter *Alariaq, Adamie* und *Ashevak, Adamie*
Adla, Davidee (1957 - 2001): Sohn von Kalai und Tye Adla (siehe dort); verheiratet mit Kumaarjuk Pii, zugleich Partner von Jeannie Manning (siehe dort)
Adla, Kalai (1927 - 2002): durch seine Schnitzarbeiten bekannter Künstler; war mit der Künstlerin Tye Adla (1936 - 1990) verheiratet, einer Schwester von Iyola Kingwatsiak (siehe dort)
Aggeok: siehe unter *Pitseolak*, Aggeok
Ainalik, Siaja Quaraq (1910): eine mit Kenojuaks Großmutter Quitsaq verwandte Schwester Qalingus in Ivujivik (Nord-Québec)
Akesuk, Latchaolassie (1919 - 2000): Ehemann von Kenojuaks Kusine Saimaijuk (1924 - 1976); Adoptivvater von Kenojuaks 3. Kind Qiqituk (1951 - 1952); Steinschnitzer mit sehr persönlichem Stil; 2. Preis beim Skulpturen-Wettbewerb des Canadian Eskimo Arts Council in Yellowknife 1970
Akesuk, Tuqlik (1887 - 1965): bekannter Schnitzer von Steinskulpturen; Vater von Latchaolassie Akesuk (siehe dort) und der in den letzten Jahren mit großartiger Kunstgrafik hervorgetretenen Künstlerin Nicotai Mills (1942)

Alariaq (.... - 1952): Kenojuaks Großvater väterlicherseits; vor der Christianisierung Schamane

Alariaq, Adamie (1928 - 1990): jüngerer Bruder von Kenojuak; 3. Kind von Usuaqjuk und Silaqqi; verheiratet mit Nakasuk (1932 - 1988)

Alariaq, Nuvualia (1956 - 1999): Sohn von Adamie und Nakasuk Alariaq, Bruder von Timmun Alariaq; Steinschnitzer

Alariaq, Timmun (1954): Sohn von Adamie Alariaq (siehe dort), mit Kristiina (1954) verheiratet

Annie Qimmaluq (ca. 1850 - ....): Großmutter von Johnniebo Ashevak

Audla: siehe unter *Pii, Audla*

Applewhite, A. F. „Bill": von 1950 bis 1952 in Cape Dorset als Lehrer tätig, seine Frau Phyllis als Krankenschwester

Arnakotak: siehe unter *Houston*, Alma

Ashevak (.... - ....): Vater von Johnniebo; Bruder von Nuvualia (siehe dort) und Parr (siehe dort); verheiratet mit Kalluaqjuk (siehe dort)

Ashevak, Adamie (1959): Sohn von Kenojuak, verheiratet mit Ooloosie; gewinnt zusehends an Bekanntheit durch seine Steinskulpturen, vor allem Polarbären

Ashevak, Arnaguq (1956): Adoptivsohn von Kenojuak (Eltern: Aggeak und Sheorak Petaulassie; siehe dort); zunehmend Anerkennung findender Künstler auf dem Gebiet der Druckgrafik

Ashevak, Johnniebo (1923 - 1972): Ehemann von Kenojuak; Steinschnitzer und Zeichner

Ashevak, Qinnuajuaq [Kenojuak] (1927): Tochter (2. Kind) von Usuaqjuk und Silaqqi

Ashevak, Taukie (1912 - ....): ein Bruder von Johnniebo; verheiratet mit Elisapie (.... - 1959)

Ashoona (.... - 1945): Ehemann von Pitseolak Ashoona (siehe dort), Bruder von Tapaungai; ausgezeichneter Jäger

Ashoona, Kiugak [Kiawak] (1933): Sohn von Pitseolak Ashoona und Bruder von Qaqaq Ashoona; bekannter Künstler; verheiratet mit Sorosilutu Ashoona (siehe dort)

Ashoona, Mayureak (1946): Tochter von Sheorak Petaulassie (und Halbschwester von Kenojuaks Adoptivsohn Arnaguq); war mit Qaqaq Ashoona (siehe dort) verheiratet und hat sich mit Steinskulpturen und vor allem mit ihrer Druckgrafik einen Namen gemacht

Ashoona, Pitseolak (1904 - 1983): hatte 17 Kinder, von denen 11 früh verstarben; eine der bedeutendsten Inuit-Künstlerinnen; u. a. Mitglied der Royal Canadian Academy; 1977 mit dem „Order of Canada" ausgezeichnet; 1971 Verfilmung ihres Buchs „Pitseolak: Pictures out of my life" durch den National Film Board (NFB) Kanadas

Ashoona, Qaqaq [Kaka] (1928 - 1996): der älteste Sohn von Pitseolak Ashoona und einer der führenden Steinschnitzer Cape Dorsets; auch ausgezeichneter Jäger; zog mit seiner Frau Mayureak (siehe dort) auf Dauer in das Camp Saatturittuq, wo er einem Herzleiden erlag

Ashoona, Sorosilutu (1941): Ehefrau von Kiugak Ashoona (siehe dort); bekannte Zeichnerin (Kunstgrafik)

Attatsie [Attachie] (1931): jüngster (Voll-)Bruder von Kenojuak, das 4. (letzte) Kind von Usuaqjuk und Silaqqi

Conrad, Felix (.... - 1946): Manager der Baffin Trading Company-Niederlassung in Cape Dorset

Eleeshushe: siehe unter *Parr, Eleeshushe*

Etungat, Abraham (1911 - 1999): verheiratet mit Ityguyakjuaq; begann 1961 mit dem Gestalten von Skulpturen, u. a. auch in Bronze

Ezekiel, Ashevak (1932): natürlicher Sohn von Aggeok Pitseolak, der Schwester von Johnniebo Ashevak und 2. Ehefrau von Peter Pitseolak; verheiratet mit der Zeichnerin Mary Ashevak Ezekiel (1932); Steinschnitzer

Houston, Alma [Allie] – „Arnakotak, die hochgewachsene Lady" (.... - 1997): 1. Frau von James Houston; betreute vor allem die kunsthandwerklichen Arbeiten der Frauen

Houston, James – „Saumik, der Linkshänder" (1921): 1951 - 1962 in Cape Dorset als „Northern Service Officer" und künstlerischer Betreuer der Inuit tätig; baute mit seiner 1. Frau Alma [Allie] die West Baffin Eskimo Co-operative auf; 2. Frau: Alice

Igyvadluk: siehe unter *Pootoogook, Igyvadluk*

Ikummiaq [Ekoomiak], Sarah: Dolmetscherin auf der „C. D. Howe", Freundin Kenojuaks seit der Heimreise vom Hospitalaufenthalt in Québec; war an der Bearbeitung des Inuktitut-Textes von „Pitseolak: Pictures out of my life" beteiligt

Inukjuk (.... - 1930): ein Sohn von Alariaq; jüngerer Bruder von Kenojuaks Vater Usuaqjuk

Ipilie, Osuituq (1922): war mit der Künstlerin Nipisa Osuituq (1925 - 1980) verheiratet; ein Künstler, der in seiner Kunst und seinen Arbeitsmethoden immer wieder nach neuen Wegen sucht; war z.B. der erste, der sich eine eigene Stromerzeugungsanlage zulegte, um vom öffentlichen Stromnetz unabhängig zu sein; wohnt heute in einer altersangemessenen Behausung, gestaltet jedoch trotz des Schwindens seiner Kräfte noch immer großartige Skulpturen und ist fast täglich im Co-op-Kunstzentrum zu sehen

Iqarlik: siehe unter *Pootoogook, Iqarlik*

Itidluie [Etidlooie], Itidluie (1910 - 1981): 2. Ehe (nach 1960) mit der Künstlerin Kingmeata Itidluie (1915 - 1989)

Itidluie [Etidlooie], Sheojuk (1932 - 1999): Ehefrau von Pauta Sailas verstorbenem Bruder Itidluie; ist in ihren letzten Jahren mit eindrucksvollen Zeichnungen hervorgetreten

Itulu, Nee (.... - 1991): aus Iqaluit stammende Mutter des durch Johnniebo und Kenojuak 1962 adoptierten und bald darauf verstorbenen Jungen Ashevak

Iyola: siehe unter *Kingwatsiak, Iyola*

Jaku (.... - 1923): ursprünglich Mamirajak, dann Kiggak („Bote"); liegt seit 1982 in der Nähe des Camps Itilliaqjuk begraben

Joannassie, Igiuk [Egeyuk] (1923 - 1981): Steinschnitzer; von 1979 bis zu seinem Tode Lebenspartner von Kenojuak

Johnniebo: siehe unter *Ashevak, Johnniebo*

Kalluaqjuk (.... - ....): Urgroßvater von Johnniebo Ashevak

Kalluaqjuk (ca. 1874 - 1957): Mutter von Johnniebo; hatte mit dessen Vater Ashevak sechs Kinder: Über die drei ersten Söhne Arnaguq, Ipirvik und Jamasie fehlen genaue Daten; die einzige Tochter Aggeok wurde 1906 geboren (sie war die 2. Ehefrau von Peter Pitseolak); danach folgten zwei weitere Söhne: Taukie 1912 und Johnniebo 1923

Kalai: siehe unter *Adla, Kalai*

Kananginak: siehe unter *Pootoogook, Kananginak*

Kanaaqbalik (.... - 1969): eine jüngere Schwester von Kenojuaks Mutter Silaqqi

Kavavau: siehe unter *Manumie, Qavavau*

Kenojuak: siehe unter *Ashevak, Qinnuajuaq [Kenojuak]*

Kingwatsiak (.... - ....): Vater u. a. von Iyola Kingwatsiak und Tye Adla; kam schon als Sechzehnjähriger auf einem Walfangschiff nach England und blieb dort etwa zwei Jahre lang; er starb über 80jährig, als sein Plastik-Iglu Feuer fing

Kingwatsiak, Iyola (1933 - 2000): Sohn von Kingwatsiak; Bruder von Tye Adla (siehe unter *Adla, Kalai*) und Kilimiumie Samualie, einer bekannten Grafik-Künstlerin; als Steinschnitzer und Grafik-Künstler anerkannt

Kopapik: siehe unter *Qaqjurajuk, Quppapik* und unter *Quppapik, Simionie*

Kudjuakjuk: siehe unter *Qaqjurajuk, Mary*

Kunu (1923 - 1966): Ehefrau von Kenojuaks Onkel Niviaqsi; Mutter der Künstler Qiatsuq Niviaqsi und Pitseolak Niviaqsi; 1959 als eine der ersten Inuit-Frauen an der jährlichen Grafikkollektion der West Baffin Eskimo Co-operative beteiligt

Kuyu, das „Mädchen für alles" zur Zeit der Gründung der Krankenstation: vermutlich Kuyu Uttuqi [Ottokie] (1931), die 2. Tochter von Peter Pitseolak aus dessen 1. Ehe mit Annie; verheiratet mit Quvianaqtuliaq Uttuqi

Latchaolassie: siehe unter *Akesuk, Latchaolassie*

Lucy: siehe unter *Qinnuajuaq, Lucy*

Lukta: siehe unter *Qiatsuq, Lukta*

Manning, Jeannie (1958): Tochter von Tommy und Udluriak Manning; Inuktitut-Dolmetscherin (u. a.)

Manning, Jimmy Tigugligak (1951): Sohn von George Pitseolak, adoptiert von Tommy Manning; Assistant General Manager der West Baffin Eskimo Cooperative; seit 1996 mit Pitseolala verheiratet; exzellenter Fotograf und Zeichner

Manning, Pitseolala (1966): Tochter von Nutsalia Mathewsie und der Künstlerin Kumwartuk Mathewsie (Kumwartuk: Tochter von Kenojuaks Mutter Silaqqi aus 2. Ehe mit Tapaungai)

Manning, Tommy (1927 - 1994): Mitarbeiter der Hudson's Bay Company; Ehemann von Peter Pitseolaks ältester Tochter Udluriak; Vater u. a. von Jeannie Manning und Adoptivvater von Jimmy Manning

Manning, Udluriak (1924 - 1971): älteste Tochter von Peter Pitseolak (aus 1. Ehe mit Annie); Ehefrau von Tommy Manning; Mutter u. a. von Jeannie Manning; nur kurze Zeit künstlerisch tätig

Manumie, Qavavau [Kavavau] (1958): Sohn des Künstlers Davidee Manumie; Bruder der Künstler Tuqiqi Manumie und Aqjangajuk Shaa; begabter Grafik-Nachwuchskünstler; arbeitet auch als Drucker in der Co-op

Mark, Pii (1965): Tochter von Ijitsiaq und Nitani Peter; von Johnniebo und Kenojuak adoptiert; lebt mit vier Kindern in Ivujivik; ihr ältester Sohn Saiyuktuk durch ihre natürlichen Eltern und ihr jüngstes Kind durch ihren natürlichen Bruder Kuyu Peter adoptiert

Napatsie [Napatchie]: siehe unter *Pootoogook, Napatsie*

Natsivak (1919 - 1962): verheiratet mit Nu Pudlalik; Mutter der Künstlerin Papiarak Tuqiqi (1941); schuf Druckgrafiken (z. T. in die Jahreskollektionen 1960 und 1961 aufgenommen)

Ningeukaluk (.... - ....): war erst mit Parr verheiratet, wurde durch Frauentausch dann die Frau von Pootoogook

Niviaqsi [Niviaksiak] (1908 - 1959): ein Bruder von Kenojuaks Mutter Silaqqi; einer der ersten Zeichner und Grafiker in Cape Dorset, wegen seines zeichnerischen Talents und seiner Steinskulpturen anerkannt; Ehemann der Künstlerin Kunu und Vater der bekannten Künstler Qiatsuq Niviaqsi (1941) und Pitseolak Niviaqsi (siehe dort)

Niviaqsi, Pitseolak (1947): ein Vetter von Kenojuak; sowohl durch seine Steinskulpturen als auch durch seine Arbeiten beim Druck von Kunstgrafik bekannt (z.B. viele Drucke von Kenojuak-Zeichnungen)

Nutaraaluk: siehe *Nutaraaluk, Lucassie*

Nutaraaluk, Lucassie (1929): Onkel von Kenojuak, jüngster Sohn von Alariaq; geboren in Nunavik (Northern Québec); lebt in Iqaluit

Nuvualia (.... - 1955): ein Bruder von Johnniebos Vater Ashevak und von Parr; 3. Ehemann von Silaqqi – aus dieser Ehe entstammt die Tochter Iqarlik (1949), die mit Elijah Pootoogook (siehe dort) verheiratet ist

Okpik, Abraham „Abe" (1929 - 1997): ein bekannter Inuit-Leader, erster Inuk im Northwest Territories Territorial Council, dem Vorläufer der Northwest Territories Legislative Assembly; „Vater" der Aktion Familiennamen

Oonark, Jessie (1906 - 1985): bedeutende Zeichnerin aus Baker Lake

Oqutaq, Qimmikpikaluk (ca. 1924): ältere Schwester von Kenojuak

Osuituq: siehe unter *Ipilie, Osuituq*

Parr (1893 - 1969): ein Bruder von Johnniebos Vater Ashevak; begann erst 1961 als älterer Mann mit dem Zeichnen, schuf in den acht Jahren bis zu seinem Tode mehr als 2.000 Zeichnungen über den traditionellen arktischen Alltag; er und seine 2. Frau Eleeshushe hatten neun eigene und Adoptiv-Kinder, darunter Quvianaqtuliaq (1930) und Nuna (1949), beide ebenfalls namhafte Künstler (Nuna ist der jüngste Sohn von Parrs früh verstorbener Tochter Tayaraq, also sein leiblicher Enkel, und wurde von Parr adoptiert)

Parr, Eleeshushe (1896 - 1975): Halbschwester von Pootoogook und Peter Pitseolak; 2. Ehefrau von Parr (siehe dort); in mehreren Cape Dorset-Grafikkollektionen vertreten; fertigte mehr als 1.000 Zeichnungen an

Peck, Edmund James – *„Okhamuk, der so gut redet"* (1850 - ....): anglikanischer Missionar mit großem Einfluß auf die Inuit; führte nach 1876 das syllabische Schriftsystem bei ihnen ein

Petaulassie, Aggeak (1922 - 1983): bekannter Steinschnitzer; Vater der ebenfalls bekannten Steinschnitzer Itidluie [Etidlooie] Petaulassie (1944), Qatsiyak Petaulassie (1948) und Pavinaq Petaulassie (1961) sowie von Kenojuaks Adoptivsohn Arnaguq

Petaulassie, Sheorak (1923 - 1961): 1. Ehefrau von Aggeak; Mutter der Künstlerin Mayureak Ashoona und von Kenojuaks Adoptivsohn Arnaguq; durch druckgrafische Arbeiten bekannt (u. a. stammt von ihr das Logo der West Baffin Eskimo Co-operative)

Petaulassie, Timangiak (1940): 2. Frau von Aggeak; Mutter von Kenojuaks Adoptivsohn Jamasie; war in den sechziger Jahren künstlerisch tätig; tritt jetzt vor allem mit Throat Singing an die Öffentlichkeit

Peter, Ijitsiaq [Eegeetsiak] (1937): verheiratet mit Nitani, einer Tochter von Iqaluk Petaulassie (1914 - 1989); Vater von Kenojuaks Adoptivtochter Pii; durch Steinskulpturen bekannt – gewann 1970 beim Skulpturen-Wettbewerb des Canadian Eskimo Arts Council in Yellowknife den 1. Preis

Pfeiffer, Harold (1908 - 1997): Bildhauer in Québec

Pfeiffer, Walter: Harold Pfeiffers Bruder; Arzt, der Kenojuak im Hospital in Québec medizinisch betreute

Pii [Pee], Audla (1920 - 1988): Bruder von Ityguyakjuaq Pii, dem Lebensgefährten von Kenojuak; früher bekannter Camp-Leader; hat bemerkenswerte Steinskulpturen geschaffen

Pii [Pee], Ityguyakjuaq (1922 - 1977): Kenojuaks Lebenspartner von 1973 bis zu seinem Tode

Pitseolak: siehe unter *Ashoona, Pitseolak* und *Pitseolak, Peter*

Pitseolak, Aggeok (1906 - 1977): einzige Schwester von Johnniebo Ashevak und 2. Ehefrau von Peter Pitseolak; Mutter der Künstlerin Mary Pitseolak (1931)

Pitseolak, Peter (1902 - 1973): bedeutender Camp-Leader; Bruder von Pootoogook, Großvater von Jeannie Manning; in 1. Ehe mit Annie (.... - 1941), in 2. mit Aggeok (Schwester von Johnniebo Ashevak) verheiratet; begann in den dreißiger Jahren zu aquarellieren und seit 1942 zu fotografieren; wurde auch durch grafische Arbeiten in den Jahreskollektionen 1970 - 1975 der West Baffin Eskimo Co-operative bekannt, außerdem durch sein gemeinsam mit Dorothy H. Eber verfaßtes Buch „People from Our Side", in dem er seine Erfahrungen zwischen zwei Kulturen für seine Nachkommen festhält (posthum erschienen 1975)

Pitseolala: siehe unter *Manning, Pitseolala*

Pootoogook [nicht zu verwechseln mit Kenojuaks Urgroßvater] (1887 - 1959): Bruder von Peter Pitseolak; ungewöhnlich starke Inuit-Führungspersönlichkeit, wegen seines großen Einflusses in der ganzen südlichen Baffin-Region als „Eskimo King" bezeichnet; lebte längere Zeit im Camp Ikirasaq, dann in den späten fünfziger Jahren aus gesundheitlichen Gründen in der Siedlung Cape Dorset und begann zu zeichnen – Druckgrafiken in den Jahreskollektionen 1959 und 1961

Pootoogook, Elijah (1943): ein natürlicher Sohn von Itidluie Itidluie (siehe dort), von Pudlat Pootoogook (1919) adoptiert; verheiratet mit Kenojuaks Halbschwester Iqarlik; war an verschiedenen Jahreskollektionen der West Baffin Eskimo Co-operative beteiligt, wirkte bei der Expo '70 in Osaka am Erstellen des kanadischen Pavillons mit

Pootoogook, Igyvadluk [Eegyvudluk] (1931): ein Sohn von Pootoogook; verheiratet mit der Künstlerin Napatsie Pootoogook, der einzigen Tochter von Pitseolak Ashoona

Pootoogook, Iqarlik (1949): Tochter aus der Ehe von Kenojuaks Mutter Silaqqi mit Nuvualia; Steinschnitzerin

Pootoogook, Kananginak (1935): der jüngste Sohn von Pootoogook und wie sein Vater eine sehr starke Persönlichkeit; als Künstler auf bildhauerischem wie auf zeichnerischem Gebiet international anerkannt

Pootoogook, Napatsie [Napatchie] (1938): einzige noch lebende Tochter von Pitseolak Ashoona; mit Pootoogooks Sohn Igyvadluk Pootoogook verheiratet und Mutter des bekannten Steinschnitzers Cie [See] Pootoogook (1967); außer durch Druckgrafik auch durch Acrylarbeiten bekannt

Pootoogook, Paulussie (1927): der älteste Sohn des Inuit-Leaders Pootoogook, mit Josie verheiratet; talentierter Steinschnitzer; Vater des Künstlers Tuqiqikuluk Pootoogook (1943)

Pootoogook, Salomonie (.... - 1955): Mit-Patient von Kenojuak; starb in einem Lungensanatorium in Hamilton (Ontario)

Pudlat, Chris (....): Manager in der Kunstsparte der West Baffin Eskimo Co-op

Pudlat, Audla (1951): Vater von Chris Pudlat; bekannt auf dem Sektor künstlerischer Grafik

Pudlat, Miaji [Mary] (1923 - 2001): 2. Frau von Samuellie Pudlat (nach dem die Sam Pudlat Elementary School in Cape Dorset benannt ist), Schwägerin von Padluq Pudlat; bekannte Zeichnerin, deren Grafiken in vielen Jahreskollektionen enthalten sind; schuf das Design für Wandbehang im Iqaluit Visitor's Centre

Pudlat, Padluq [Pudlo] (1916 - 1993): Bruder von Samuellie Pudlat; berühmter Zeichner und Kunstgrafiker

Padluq [Pudlo] (1965): Tochter von Johnniebo und Kenojuak; war verheiratet mit Salomonie (.... - 1994); lebt in Salluit, ihre zwei Töchter leben bei Kenojuak

Qalingu, Markusie (ca. 1899 - ....): bedeutende Persönlichkeit auf Mansel Island (Pujjunnaq) um 1930; lebte später als Steinschnitzer in der Siedlung Salluit (Nord-Québec)

Qaqjurajuk [Qayuryuk], Quppapik [Kopapik] ‚A' (1923 - 1969): bekannter Steinschnitzer; Stiefvater der durch Zeichnen und Throat Singing bekannten Qaunaq Mikkigak (1932)

Qaqjurajuk [Kudjuakjuk], Mary (1908 - 1982): Mit-Patientin von Kenojuak in Québec; schnitzte Steinskulpturen und entwarf Druckgrafik, die in mehreren Jahreskollektionen der West Baffin Eskimo Co-operative Aufnahme fand; aus 1. Ehe u. a. Sohn Laisa (verheiratet mit Tikituk und Lucy Qinnuajuaqs Tochter Arnasuk) und Tochter Qaunaq Mikkigak (1932), ebenfalls bekannte Künstlerin; in 2. Ehe verheiratet mit Quppapik ‚A' Qaqjurajuk (siehe dort)

Quaraq: siehe unter *Ainalik, Quaraq*

Qiatsuq [Kiatshuk] (1888 - 1966): ursprünglich Schamane, bekannte sich später zum Christentum; als Steinschnitzer und Zeichner künstlerisch hervorgetreten

Qiatsuq, Lukta (1928): ein Sohn von Qiatsuq [Kiatshuk]; Ehemann von Padluq, der Tochter von Johnniebo Ashevaks Bruder Taukie; Vater der Künstler Pootoogook Qiatsuq (1959), Palaya Qiatsuq (1965) und Qiatsuq Qiatsuq (1962)

Qimmikpikaluk: siehe unter *Oqutaq, Qimmikpikaluk*

Qimuakjuk [Johnniebo] (.... - 1888): Adoptivvater von Johnniebo Ashevaks Mutter Kalluaqjuk

Qinnuajuaq, Lucy (1915 - 1982): Stieftochter von Quitsaqs Bruder Tagatuk; Ehefrau von Silaqqis Bruder Tikituk; sehr bekannte Zeichnerin und Grafik-Künstlerin

Qinnuajuaq, Misa (1941): Steinschneider und Steinschnittdrucker

Qinnuajuaq, Tikituk (1908 - 1992): ein Bruder von Kenojuaks Mutter Silaqqi; Ehemann von Lucy Qinnuajuaq; Steinschnitzer und Drucker

Quitsaq [Kooweesa] (.... - 1948): Großmutter mütterlicherseits von Kenojuak (Mutter von Silaqqi)

Quppapik [Kopapik], Simionie (1909 - 1993): Bruder des berühmten Zeichners und Kunstgrafikers Padluq Pudlat; selbst ebenfalls Zeichner, dessen Arbeiten mehrfach Aufnahme in den Jahreskollektionen der West Baffin Eskimo Co-operative fanden

Quvianaqtuliaq, Niviaqsi (1970): Steinschneider und Steinschnittdrucker

Ryan, Terry (1933): nach Studium am Ontario College of Art seit 1960 in Cape Dorset; ab 1961 (als Nachfolger von James Houston) 40 Jahre lang General-Manager des West Baffin Eskimo Co-op-Kunstzentrums; 1. Frau: Patricia, 2. Frau: Leslie Boyd Ryan

Saggiak (1897 - 1980): zeitweilig Camp-Leader in Itilliaqjuk; durch Steinschnitzarbeiten bekannt

Saila, Pauta (1916): Sohn eines Schamanen und Neffe von Peter Pitseolak; einer der namhaftesten Skulpturenschnitzer von Cape Dorset; in 1. Ehe mit Matsauzaq, in 2. Ehe mit der bekannten Zeichnerin Pitaloosie [Pitalusie] Saila (1942) verheiratet

Saumik: siehe unter *Houston, James*

Silaqqi [Seelaki] (ca. 1902 - 1980?): Mutter von Kenojuak; in 1. Ehe mit Usuaqjuk (ca. 1900 - 1931), in 2. Ehe mit Tapaungai (.... - 1946) und in 3. Ehe mit Nuvualia (.... - 1955) verheiratet

Soper, J. Dewey (1893 - 1982): Naturwissenschaftler und Künstler; unternahm zwischen 1923 und 1931 vier Arktisexpeditionen

Tagatuk (.... - ....): Bruder von Kenojuaks Großmutter Quitsaq

Tapaungai (.... - 1946): verheiratet in 1. Ehe mit Kenojuaks Tante Tayaraq, dann in 2. Ehe mit Kenojuaks Mutter Silaqqi. Dieser 2. Ehe entstammten fünf Kinder: 1) Napatsie, die älteste Tochter, lebt heute in Kimmirut (Lake Harbour); 2) Kumwartuk Mathewsie (1941) kehrte nach dem Tode ihres 1. Ehemannes Nutsalia (Eltern von *Pitseolala Manning*; siehe dort) in den frühen sieb-ziger Jahren von Iqaluit nach Cape Dorset zurück, war dann mit dem Stein-drucker Pii Mikkigak (1940 - 1996) liiert; 3) Quvianaqtuliaq Tapaungai (1942), mit Taukies Tochter Nivie (also einer Nichte von Johnniebo Ashevak) verheiratet, lebt und arbeitet als Künstler in Cape Dorset; 4) die Tochter Iqaluk [Echalook] ist nach Iqaluit verzogen; 5) Elijah wurde zur Adoption weggegeben

Taukie: siehe unter *Ashevak, Taukie*

Tayaraq (.... - 1935): älteste Schwester von Kenojuaks Vater Usuaqjuk (Tante von Kenojuak)

Tikituk: siehe unter *Qinnuajuaq, Tikituk*

Toonoo, Jutai (1959): Bruder der bedeutenden Künstlerin Uvilu [Oviloo, Ovilu] Tunnillie (1949); Steinschnitzer und Drucker von künstlerischer Grafik

Udluriak: siehe unter *Manning, Udluriak*

Usuaqjuk (ca. 1900 - 1931): Sohn von Alariaq; 1. Ehemann von Silaqqi und Vater von Kenojuak

Walker: natürlicher Vater von Johnniebo Ashevaks Mutter Kalluaqjuk; Walfän-gerkapitän

Häufig verwendete Inuktitut-Wörter

Die Schreibweise der nachstehenden, in diesem Buch vorkommenden Wörter orientiert sich an den syllabisch-phonetischen Formulierungen der Sikusiilarmiut und an Lucien Schneider, „Ulirnaisigutiit, an Inuktitut-English Dictionary of Northern Québec, Labrador and Eastern Arctic Dialects"; Québec 1985.

Aglu = Atemloch der Robben

Amautiq, pl. Amautit = Frauenparka mit Kapuze, teils Kindertragetasche

Angakkuq, pl. Angakkuit = Schamane

Iglu = Schneehaus

Inuk, pl. Inuit = Mensch („Wesen mit Seele")

Inuksuk, pl. Inuksuit = Steinzeichen („wie ein Inuk")

Inuktitut = Sprache der Inuit

Kamik, pl. Kamit = Stiefel (üblicherweise Fellstiefel)

Maktaaq = Walhaut mit dem darunter liegenden Speck

Natsiq = Robbe

Nunavut = Land der Inuit („unser Land")

Qallunaaq, pl. Qallunaat = Nicht-Inuk, d.h. Weißer, aber auch Neger etc.

Qajaq, pl. Qajait = Kajak (einsitziges Boot)

Qamutiik = Schlitten

Qarmaq, pl. Qarmait = Erdsodenhütte

Qulliq, pl. Qullit = Steinlampe der Inuit

Sikusiilaq = „wo kein Eis ist" (d.h. offene Stellen im Meereseis, „Polynya")

Sikusiilarmiut = Leute von Sikusiilaq

Ulu = Frauenmesser (halbrundes Messer)

Umiaq, pl. Umiat = Familienboot (für bis zu 20 Personen)

Angaben zu diesem Buch

Literaturhinweise

Das vorliegende Buch stellt eine zur Aktualisierung vollkommen überarbeitete und durch Text und Fotos erweiterte Neuausgabe der Erstauflage von 1998 dar. Zur Vorbereitung auf die im Jahr 1997 geführten Gespräche mit Kenojuak und als ergänzende Informationsquellen diente folgende Literatur:

Applewhite, A. F. „Bill" in Macpherson, Norman John: „Dreams and Visions – Education in the Northwest Territories from Early Days to 1984", S. 71 - 74; Yellowknife 1991 (Hrsg. Government of the Northwest Territories, Canada; Department of Education)

Blodgett, Jean: „Kenojuak"; Toronto 1985

Blodgett, Jean & Gustavison, Susan (Hrsg.): „Strange Scenes, Early Cape Dorset Drawings"; Kleinburg 1993

Blodgett, Jean (Hrsg.): „In Cape Dorset We Do It This Way"; Kleinburg 1991

Eber, Dorothy H. (Hrsg.): „Pitseolak: Pictures out of my life"; Seattle 1971

Eber, Dorothy H.: „When the Whalers Were Up North"; Montréal 1989

Hoffmann, Gerhard (Hrsg.): „Im Schatten der Sonne – Zeitgenössische Kunst der Indianer und Eskimos in Kanada"; Stuttgart 1988

Houston, James: „Confessions of an Igloo Dweller"; Toronto 1995

Leroux, Odette et al. (Hrsg.): „Inuit Women Artists"; Vancouver 1994

Pitseolak, Peter & Eber, Dorothy H.: „People from Our Side" ; Edmonton 1975

Für die Neuausgabe wurden ergänzend intensive Recherchen im Internet durchgeführt.

Bemerkung zu den Fotografien

Über Kenojuaks Arbeiten liegt aus dem englischen Sprachraum vielfältige Literatur vor, die Bilddokumentationen bis etwa Ende der achtziger Jahre des 20. Jahrhunderts enthält. Die vorliegende Biografie will hinsichtlich des Bildmaterials nur eine Ergänzung bieten und vor allem Einblick in den Alltag und das Umfeld der Künstlerin gewähren. Aus diesem Grund wurden überwiegend Werke aus den vergangenen zwei Jahrzehnten fotografisch wiedergegeben.

Danken möchte der Autor vor allem

• Kenojuak Ashevak – für das große Vertrauen, uns seit Sommer 1996 in vielen Gesprächen über ihr Leben zu erzählen, und für ihre großzügige Zustimmung, Abbildungen ihrer Werke in diesem Buch zu veröffentlichen;
• Jeannie Manning – für die Hilfe, die sie uns als einfühlsame Dolmetscherin gewährte;
• Jimmy Manning, der uns bei der Vorbereitung und Durchführung unserer Gespräche, aber auch beim Beschaffen zusätzlicher Angaben sowie beim Auffinden von Literatur- und Bildmaterialien viele Wege ebnete;
• Leslie Boyd Ryan und Terry Ryan, Dorset Fine Arts (Division of West Baffin Eskimo Co-operative Ltd.), Toronto, – für Beratung und großzügige Unterstützung beim Erwerb von Copyrights für die Arbeiten von Kenojuak;
• Timmun Alariaq, dem Neffen Kenojuaks, und seiner Frau Kristiina, die uns während unserer Arbeit ihr Beach House in Cape Dorset zur Verfügung stellten und uns überdies die Möglichkeit eröffneten, ehemalige Camps, in denen Kenojuaks gelebt hatte, kennenzulernen.

Über den Autor

Ansgar Walk (1929 in Stuttgart geboren) studierte Naturwissenschaften, außerdem Philosophie und Literaturwissenschaften; er promovierte in Pharmazeutischer Chemie. Sein Interesse gilt sowohl wissenschaftlichen Aspekten der Arktis als auch Fragen zur gesellschaftlichen Entwicklung und bildenden Kunst der Inuit. In den vergangenen Jahren besuchte er deshalb gemeinsam mit seiner Frau häufig den kanadischen Nordosten. Mehrere Reisen nach Cape Dorset (Baffin Island, Territorium Nunavut) brachten ihn in enge Verbindung mit den dort lebenden Künstlern. In den bei Pendragon erschienenen Arktisbüchern „Im Land der Inuit" (1996 und 2002), „Der Polarbär kam spät abends" (1997 und 2002), „Kenojuak - Lebensgeschichte einer bedeutenden Inuit-Künstlerin" (1998 und 2003, englische Ausgabe 1999), „Nordflug" (2000), „Land des Großen Bären" (2001) und dem Mythenbuch „Wie Sonne und Mond an den Himmel kamen" (2003) setzte er sich jeweils mit Themen auseinander, welche die Zukunft der Inuit und ihr Dasein zwischen Gegenwart und traditioneller Vergangenheit zum Inhalt haben.